JOUER avec la GRAMMAIRE FRANÇAISE

Olivier Béguin

*Ce livre vous permettra de réviser la **grammaire** française de façon inhabituelle et amusante. Vous allez tester votre niveau de langue grâce aux exercices, aux grilles et aux mots croisés, regroupés par sections thématiques. Vous avez donc la possibilité de suivre l'ordre qui vous convient. En même temps, vous allez pouvoir enrichir votre vocabulaire et votre connaissance de la civilisation française.*

TABLE DE MATIÈRES

- PHONÉTIQUE ET ALPHABET
- ACCENTS
- ADJECTIFS
  - LA PLACE DES ADJECTIFS
  - ADJECTIFS ET EXPRESSIONS DE L'OPINION
- ADJECTIFS ET PRONOMS POSSESSIFS ET DÉMONSTRATIFS
- PRONOMS PERSONNELS
  - PRONOMS PERSONNELS SUJETS
  - PRONOMS PERSONNELS COMPLÉMENTS
- PRONOMS RELATIFS
- ADJECTIFS ET PRONOMS INDÉFINIS
- LE VERBE
  - PASSÉ SIMPLE
  - AUTRES TEMPS DU PASSÉ
  - CONDITIONNEL
  - SUBJONCTIF
  - GÉRONDIF/PARTICIPE PRÉSENT/ ADJECTIF VERBAL
- PASSIF : NOMINALISATION
- ADVERBES
- EXPRESSION DU TEMPS
- CIVILISATION FRANÇAISE

4ème NIVEAU

La Spiga languages

PHONÉTIQUE ET ALPHABET

1 PHONÉTIQUE ET ALPHABET

L'alphabet parlant

Avez-vous remarqué que certaines lettres de l'alphabet lorsqu'on les prononce une par une correspondent, phonétiquement, à un mot ? P, p : *paix* ; R, r : *erre* (verbe *errer*)

a. Imaginez un mot correspondant aux lettres suivantes, en vous aidant de la définition.

B .... Petit fruit sauvage en forme de boule.
D .... Petit cube dont chaque face porte de un à six points, souvent noirs sur fond blanc.
G .... Mouvement par lequel une chose jaillit, fuse, s'écoule avec plus ou moins de force.
H .... Instrument servant à fendre, formé d'une lame tranchante fixée à un manche.
L .... Chacun des organes du vol chez les oiseaux (une paire), les chauves-souris (une paire), les insectes (généralement deux paires : élytres).
M .... Première ou troisième personne du verbe " aimer " à l'indicatif présent.
N .... Sentiment violent qui pousse à vouloir du mal à quelqu'un et à se réjouir du mal qui lui arrive.
O .... Liquide incolore, inodore, transparent et insipide lorsqu'il est pur (H_2O).
T .... Boisson préparée avec des feuilles infusées.

Il arrive que deux lettres correspondent à un mot. L.N. *Hélène*

b. Remplacez maintenant les majuscules de l'alphabet par les mots qui conviennent.

1. Il a de bonnes manières, il est bien LV : ....
2. Cette discussion m'a NRV : ....
3. Attention aux KO de la route ! : ....
4. L'agneau est tout petit, il doit TT sa mère : ....
5. Vous ne trouvez pas ? Vous n'avez K chercher !..........
6. J'aime le cinéma et JV souvent. ....
7. En K de panne, téléphonez au garagiste. ....
8. LC broder à merveille. ....
9. L est belle comme une DS. ....

PHONÉTIQUE ET ALPHABET

10. Le pauvre chien R dans la campagne. ....
11. C fini ? En voilà AC ! ....
12. Il était si MU qu'il était prêt à pleurer. ....

Messages secrets à déchiffrer

c. **Transcrivez les rimes de ce poème de Muriel, douze ans.**

Les pommes du ver G
Refusent de tomB.
Hier 20-100
L'arbre AAJT
Mais en 20.
Aujourd'hui je me suis IC
Jusqu'à la cime très LV
Mais la branche AKC :
Sur le sol, je me suis retrouV,
Le ... KC !
Les vers m'ont HV,
Sans discuT
Ils m'ont DPC.

Ordre alphabétique

d. **Voici une histoire peu banale écrite par un jeune français de 12 ans ! Qu'a-t-elle d'original ?**

Anatole, bon chien dressé écoute fidèlement (la) gardienne habitant (l') immeuble juxtaposé (au) kiosque (que) les musiciens naguère occupaient pour quelques rengaines séduisantes. Toutou (à l') unisson vocalisait (des) wawaouw (avec) xylophone yéyé zozotant.

Charade alphabétique

e. **Chacune des lettres du mot à deviner est remplacée par un mot qui lui correspond phonétiquement !**

Mon premier porte l'oiseau
Mon deuxième pousse le cheval (Hue !)
Mon troisième inspire la vengeance
Mon quatrième nourrit l'homme
Et mon tout inspire les rêves du poète

PHONÉTIQUE ET ALPHABET

Rébus avec lettres

1. Déchiffrez les rébus suivants.

1. Le plus royal des rébus est celui que Frédéric II, roi de Prusse, adressa à Voltaire qu'il avait invité à venir vivre dans son Palais de Sans-souci à Postdam. Auriez-vous été aussi perspicace que Voltaire ?

$$\frac{P}{6 \text{ HEURES}} \quad \text{À} \quad \frac{6}{100}$$

À quoi l'écrivain répondit par retour : G.a. !

En voici d'autres ; bravo si vous les déchiffrez, ils sont très difficiles ! :

2. MADEMOSELLE ; JE BIS À VORE

3. L'OISIVETÉ $\frac{\text{VENT}}{\text{N nous N}}$ O MAL

4.

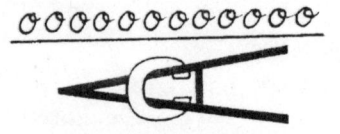

5.

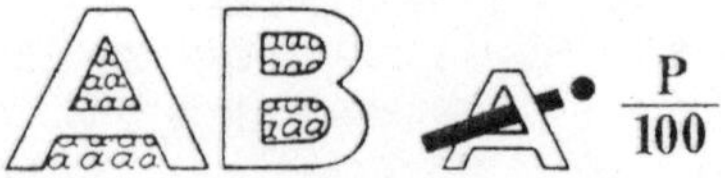

$$\frac{P}{100}$$

Jeux de lettres

2. Anagrammes

Essayez de former le plus de mots possibles avec les lettres composant le mot *adolescent* (vous n'êtes pas obligé d'utiliser toutes les lettres du mot de départ).

....
....
....

PHONÉTIQUE ET ALPHABET

h. Trouvez la solution de ce rébus.

Je sers de monnaie en Angleterre
Mais sans elle, c'est comme si j'avais trop bu.

Métagrammes

i. Passez d'un mot à l'autre en changeant une lettre à chaque fois...

On s'en sert quand on est sur l'eau   R _ _ _
Le chevalier se devait d'en avoir une   D _ _ _
Je la mets sur mon rasoir   L _ _ _
On en trouve plusieurs sur un arbre   C _ _ _

Tous les chemins mènent à Rome

j. À chaque ligne, vous changerez seulement une lettre, et vous trouverez un mot de quatre lettres, et si vous ne vous trompez pas en cours de route, vous découvrirez que...

1. Tous les chemins mènent à **Rome**.
2. Pour avancer, en barque, on se sert d'une r _ me.
3. En poésie, ce qui est difficile, c'est de trouver la r _ me.
4. La rivière est jolie et j'aime marcher sur la _ _ _ _ .
5. Je voudrais aller en Amérique, mais ce n'est qu'un _ _ _ _ .
6. Tous les matins à 7 heures, l'écolier se _ _ _ _ .
7. Dans la salle de bains, on se _ _ _ _ .
8. Un rasoir doit avoir une bonne _ _ _ _ .
9. Pour scier les barreaux, le prisonnier s'est servi de sa _ _ _ _ .
10. Ma distraction préférée, c'est de _ _ _ _ .
11. Ce n'est pas sérieux, c'est seulement pour _ _ _ _ .
12. Le pétrole deviendra bientôt _ _ _ _ .
13. Les canards aiment nager dans la _ _ _ _ .
14. Ces deux enfants ressemblent beaucoup à leur _ _ _ _ .
15. Elle ne va jamais chez le coiffeur, elle se coupe les cheveux elle _ _ _ _ .
16. L'ancêtre du théâtre est le _ _ _ _ .
17. Aidez le pauvre poète, il cherche encore la _ _ _ _ .
18. Et nous voilà revenus à _ _ _ _ .

PHONÉTIQUE ET ALPHABET

k. Tautogrammes

Voici un tautogramme en " S ", c'est à dire une phrase où l'on utilise seulement cette lettre. Complétez la phrase en vous aidant des définitions fournies :

Si sa _ _ _ _ *(personne de sexe féminin, considérée par rapport aux autres enfants des mêmes parents)* Sophie S _ _ _ _ T *(verbe savoir à la troisième personne de l'indicatif imparfait)* S _ _ _ _ _ _ _ _ *(sans rien d'autre que ce qui est mentionné)* S _ _ _ _ _ *(quitter le sol, abandonner tout appui pendant un instant, par un ensemble de mouvements)* S _ _ _ *(préposition qui exprime l'absence, le manque, la privation ou l'exclusion)* sa S _ _ _ _ _ E *(bonbon fixé à l'extrémité d'un bâtonnet)*, Simon serait S _ _ _ _ _ _ _ T *(qui a ce qu'il veut, content)*.

Des mots curieux

l. **Observez bien chacun de ces mots ; ils ont des particularités (lesquelles ?) et constituent une exception ou détiennent un record particulier (lequel ?).**

Ex : *Anticonstitutionnellement*   C'est le mot le plus long de la langue française

1. lycée, musée, gynécée, apogée, périgée, pygmée, scarabée, hyménée, empyrée, mausolée.
2. Elle a été créée.
3. oiseau
4. foie
5. œil / yeux
6. hétérogénéité
7. (que tu) assassinasses / (que nous) assassinassions
8. indivisibilité

Sigles et abréviations

m. **Essayez de trouver la signification exacte des sigles, d'après le petit texte ci-dessous. Avec les lettres des bonnes réponses, vous trouverez la moralité abrégée de cette histoire.**

PHONÉTIQUE ET ALPHABET

" Caroline rédigea une carte de vœux à son ami travaillant dans les D.O.M., puis remplit un formulaire pour la C.P.A.M. et écrivit une lettre de réclamation à l'E.D.F. Elle sortit pour poster son courrier avant l'heure de levée du matin et empruntant les transports en commun, prit un A.R. afin de se rendre à l'A.N.P.E. En chemin, elle fit un bilan peu réjouissant. Elle était qualifiée pour exercer dans le domaine du F.M.I. après de longues études à H.E.C. et elle possédait un Q.I. surprenant. Malgré cela, et en dépit de nombreuses demandes d'emplois adressées aux P.D.G. de diverses entreprises, elle restait sans travail, dans une situation très précaire, ne touchant que le R.M.I... "

1. A.N.P.E. :
a. Association naturelle pour l'environnement
b. Agence nationale pour l'emploi
c. Accord national pour l'éducation

2. A.R. :
m. à remettre
n. à recenser
o. aller et retour

3. C.P.A.M. :
n. Caisse primaire d'assurance maladie
o. Contrôle pour l'amélioration des manœuvres
p. Comptes personnels et associatifs modulables

4. D.O.M. :
b. Donation officielle modérée
c. Départements français d'outre-mer
d. Domaine obligatoirement militaire

5. E.D.F. :
v. Électricité de France
w. Ensemble de devises françaises
x. Élagation du domaine forestier

6. F.M.I. :
q. Fondation des monuments indépendants
p. Fonds monétaire international
r. Formation mécanique interne

7. H.E.C.
c. Hautes études commerciales
b. Huissier en étude de comptable
a. Haute école de comptabilité

PHONÉTIQUE ET ALPHABET

8. Q.I. :
s. Quotient intellectuel
t. Quartier industriel
u. Quantité illimitée

9. P.D.G. :
a. Président-directeur général
b. Parti de la démocratie générale
c. Programme de détention globale

10. R.M.I. :
c. Revenu minimum d'insertion
d. Rendement maximum intérimaire
e. Réunion majeure imposée

n. Acrostiches

Il s'agit d'un poème composé de vers dont les lettres ou les mots initiaux et/ou finaux (finals) forment un mot lisible de haut en bas ou de bas en haut.

A Comment s'appelle la jeune fille à qui est destiné ce poème ?

A mour parfait dans mon cœur imprim A
N on très heureux d'une que j'aime bie N
N on, non, jamais cet amoureux lie N
A utre que mort défaire ne pourr A

B Dans l'acrostiche suivant, Alfred de Musset fait une " proposition malhonnête " à George Sand. Laquelle ?

Quand je mets à vos pieds un éternel hommage,
Voulez-vous qu'un instant je change de visage ?
Vous avez capturé les sentiments d'un cœur
Que pour vous adorer forma le créateur.
Je vous chéris, amour, et ma plume en délire
Couche sur le papier ce que je n'ose dire.
Avec soin de mes vers lisez les premiers mots :
Vous saurez quel remède apporter a mes maux.

Que répond George Sand ?
Cette insigne faveur que votre cœur réclame
Nuit à ma renommée et répugne à mon âme.

PHONÉTIQUE ET ALPHABET

o. Les homonymes

A Lisez cette phrase : qu'a-t-elle de particulier ?

Cinq moines, sains de corps et d'esprit, portaient dans leur sein le seing du saint père.

B Sauriez-vous résoudre l'énigme suivante ?

Vingt cent mille ânes dans un pré et cent vingt dans l'autre. Combien cela fait-il de pattes et d'oreilles ?

C Voici quelques charades homophoniques, dont la solution est difficile à trouver, voire introuvable...

1. J'achète mon second avec (que) mon premier.
Pour le voir, à la fin, mangé par mon tout.
2. Mon premier est un étudiant en médecine assis au sommet d'un amphithéâtre.
Mon second se compose des dernières lettres du journal.
Mon tout est un chant révolutionnaire.
3. Mon premier est la canne à pêche d'un prêtre hindou qui avait horreur de l'eau.
Mon second, un mammifère entouré de demeures d'oiseaux.
Mon tout, la remarque d'un Normand visitant Paris.
                (charade parue dans le *Journal des tranchées*, en 1919)
4. Mon premier est une étendue d'eau.
Mon deuxième est le cri que l'on pousse en s'apercevant qu'on a perdu au loto (en francs).
Mon troisième est très étroit.
Mon tout est le plus célèbre des théâtres français.

La chasse aux homonymes grammaticaux

D Corrigez les fautes contenues dans ces phrases.

1. Quelle que soient les difficultés pour réussir mon examen, je n'ai pas le droit de faiblir.
2. On leurs avait demandé de faire des propositions : on accepterait pas n'importe quoi.
3. Les même personnalités apparaissent toujours à la télévision.
4. Quant bien même tu serais loin, je ne cesserai de penser à toi.

| PHONÉTIQUE ET ALPHABET |

5. On ni voit guère dans ce brouillard.
6. Ces talents sont assez rares pour qu'on n'en fasse une publicité.
7. Il avait bien quelque idées démodées mais nul, mêmes parmi les plus exigeants, n'aurait pensé les lui reprocher.

8. **Monsieur A. D. Ennuis, PDG de la société Westinck-Dugland, n'est pas très content : on vient de l'informer que les boîtes aux lettres électroniques du réseau informatique interne servent surtout à des échanges d'ordre privé. Il rédige si rapidement sa note de service qu'il y commet dix erreurs dans l'emploi de " quel que, quoi que... " : à vous de les trouver...**

Société Westinck-Dugland
Avis au personnel,
Il est rappelé à tous, particulièrement aux secrétaires et aux attachées de direction, que la circulation de messages personnels sur le réseau interne n'est pas souhaitable, quelque soit le moment de la journée, quelque soit la raison invoquée, et sous quelque prétexte que ce soit.
Quoi que cette consigne ait déjà été affichée, quoique chacun ait pu en penser, il se trouve que des échanges privés surchargent les boîtes aux lettres. Doit-on rappeler que leur contenu est facilement accessible par qui que ce soit, quelque soit le code secret ?
On a ainsi pu remarquer que beaucoup de supputations fantaisistes circulent à propos de tel ou telle. Aujourd'hui, on vient même de découvrir un poème singulier à propos de Lucien Assamémère, nouveau chef du personnel.
Quoi qu'il en soit le thème central, il a décidé qu'il n'y aurait aucune poursuite. Quoiqu'il en soit, il est nécessaire que cesse ce qui depuis quelque temps représente une perturbation.
Depuis les quelques dix mois que nous avons obtenu le label ISO 9002 – et quelque puissants que nous soyons sur le marché –, il ne faut pas oublier que, quelques efforts que nous fassions, la concurrence est là.
Quelque regrets que nous en ayons, nous serons obligés de prendre des mesures si de nouvelles missives à caractère

privé – quel qu'elles soient – réapparaissaient sur le réseau.
A. D. Ennuis
PDG de la société Westinck-Dugland

2 ACCENTS

Lucien Assamémère, le nouveau chef du personnel de la société Anderson-Duchmol, écrit à sa fiancée, Pamela Anderson-Duchmol, directrice adjointe de la société. Hélas, il maîtrise mal les accents : sauriez-vous aider Lucien ?
Trouvez les dix-huit erreurs que contient sa lettre.

Chère Pamela,
Depuis que j'ai pris mes fonctions au poste que m'a confié futur beau-papa, je m'épuise à la tache. En effet, dans le service, c'est un peu la zône, tout est boîteux, et ce n'est vraiment pas un hâvre de paix. J'étais si déprimé que j'ai pensé aller voir un psychiâtre qui m'aurait sans doute chapîtré en me disant que j'en fais trop. Et c'est vrai, je me prive même de déjeûner. Je sais, c'est de la bétise, et jeûner n'est pas bon pour la santé, mais cela se fait beaucoup dans la boite !
Pourtant, j'ai de quoi m'amuser : une secrétaire, Clémente Aleau et sa copine Magali Douillet, une des attachèes de direction, ne cessent de me regarder avec des petits airs qu'elles croient grâcieux, j'ai l'impression qu'elles se sont entichées de moi jusqu'à la moëlle, toute leur attitude est symptômatique d'un dèréglement hormonal, ou de je ne sais quoi, en tout cas, tu connais leur profil, leur plastique : tu n'as rien à craindre, ma Pamela.
L'une des deux, Magali Douillet, m'a mème remis une enveloppe contenant un poême ! Je le joins à cette lettre. Tu vas rire !
J'embrasse ta peau hâlée... Vivement les vacances au châlet de ton père, bientôt !
Ton Lucien

Pensez-vous que Pamela acceptera tout de même d'épouser Lucien, qui est vraiment nul en orthographe ?

ADJECTIFS

3 ADJECTIFS

L'accord de l'adjectif qualificatif (ou du participe passé) : épithète

Un peu de mythologie...

a. **Soulignez l'adjectif bien accordé et dites de quel héros mythologique il s'agit... Donnez son nom grec et son nom romain.**

L'............... (1) grec/grecque/grecs/grecques est une figure composite, en laquelle sont venus se fondre peu à peu un grand nombre d'éléments (2) mythique/mythiques (3) distinct/distincte/distincts/distinctes les uns des autres à l'origine.

On ignore en quelle région de l'(4) ancien/ancienne/anciens/anciennes Grèce sa légende prit naissance, mais on peut distinguer en revanche plusieurs types d'............... (5) dorien/dorienne/doriens/doriennes, béotien, argien, etc. dont certains traits (6) spécifique/spécifiques demeurent perceptibles.

Dès l'Antiquité on s'est efforcé de regrouper les innombrables traditions (7) régional/régionale/régionales qui se rapportent au héros en un cycle de légendes relativement (8) cohérent/cohérente/cohérents/cohérentes. Eurysthée demande à .... d'accomplir douze travaux, dont le récit fut développé par les écrivains (9) postérieur/postérieure/postérieurs/postérieures à Homère.

Le héros délivre la ville de Némée du lion (10) monstrueu/monstrueux qui l'infestait. Il trempa ses flèches dans le sang de l'Hydre de Lerne afin de rendre leur blessure (11) mortel/mortelle/mortels/mortelles. Il réussit à capturer (12) vivant/vivante/vivants/vivantes la Biche d'Arcadie, dont les cornes étaient d'or et les sabots d'airain.

Kaléidoscope

Vous connaissez depuis longtemps le nom français de toutes les couleurs. Sûrement vous est-il arrivé de passer par toutes les couleurs de l'arc-en-ciel, tellement vous avez eu peur ou honte !

Certaines couleurs sont internationales, d'autres correspondent, selon les pays, les langues et les cultures à

ADJECTIFS

des états ou des sentiments très différents. Si un Allemand vous déclare qu'il est " blau " – bleu – vous comprenez qu'il a trop bu, alors qu'en France on est BLEU de colère, de froid ou de peur.

b. **Choisissez sur votre palette la bonne couleur pour compléter les expressions suivantes.**

1. Elle est si intimidée qu'elle est .... comme une tomate.
2. Mais on n'y voit rien ici ! Il fait .... comme dans un four.
3. Pour réussir ce gâteau, il vous faut 6 œufs : vous séparez les .... des .... et vous battez les .... en neige très ferme.
4. Pour bien commencer la journée, buvez un petit .... accompagné d'un croissant.
5. Si vous êtes amateur de vin, goûtez le petit .... du pays.

Expressions multicolores

Toutes ces expressions très courantes comportent une couleur.

c. **Associez l'expression à son explication et complétez à l'aide des couleurs qui conviennent (en les accordant le cas échéant). Connaissez-vous une chanson célèbre d'Édith Piaf utilisant l'une de ces expressions ?**

1. se mettre en colère
2. avoir le cafard
3. aller se reposer à la campagne
4. rire d'un rire un peu forcé, quand on est gêné
5. laisser entière liberté
6. avoir des dons particuliers pour la cuisine
7. être très optimiste
8. travailler sans être déclaré
9. être l'ennemi juré de quelqu'un

a. voir la vie en ....
b. être un cordon ....

ADJECTIFS

c. rire ....
d. se fâcher tout ....
e. se mettre au ....
f. donner carte ....
g. travailler au ....
h. être sa bête ....
i. broyer du ....

Casse-tête coloré

Trois personnes de trois nationalités différentes habitent les trois premières maisons d'une rue. Chaque maison a une couleur différente et chaque personne a un métier différent. Le Français habite la maison rouge. L'Allemand est musicien. L'Anglais habite la maison du milieu. La maison rouge est à côté de la verte. L'écrivain habite la première maison à gauche.

d. **Quelle est la nationalité de celui qui habite la maison jaune ?**

....

LA PLACE DES ADJECTIFS

Puzzles : Les grands titres des journaux

e. **Reconstruisez les informations en plaçant les adjectifs proposés au bon endroit et accordez-les.**

Ex. : Une menace considérable : où vont les dangereux déchets atomiques ?

1. remaniement - considérable/ministériel/nouveau
   .... est prévu.
2. élections - grand/prochain/présidentiel
   .... seront tendues.
3. information - dernier/médical/inquiétant
   Voici ....
4. crise - grave/international/écologique
   Le monde subit ....
5. victoire - sportif/éventuel/canadien
   Les Asiatiques craignent ....
6. avenue - grand/nouveau/piéton
   Inauguration d'une ....

ADJECTIFS

1. Rédigez des grands titres pour les informations suivantes selon l'exemple. N'oubliez pas d'accorder le participe passé utilisé comme adjectif.

Ex. : On attend une diminution des impôts.
Diminution des impôts **attendue**

1. On prévoit un temps ensoleillé.
   ....
2. On recherche des volontaires pour un séjour aux Bermudes.
   ....
3. Les chefs d'État ont été reçus à Matignon.
   ....
4. On exige l'arrêt immédiat des émissions de gaz polluants américains.
   ....
5. On a interdit les manifestations des militants anti-globalisation
   ....

Pyramide

2. À chaque fois le grand titre d'un journal s'accroît d'un mot, que vous devinerez.

DÉCOUVERTE
Découverte s _ _ _ _ _ _ _ _ _ _ _ _ (concernant la science)
G _ _ _ _ _ découverte s _ _ _ _ _ _ _ _ _ _ _ _ (pas petite)
G _ _ _ _ _ découverte s _ _ _ _ _ _ _ _ _ _ _ _ n _ _ _ _ _ _ _ _ _ _ (dans un pays scandinave)
P _ _ _ _ _ _ _ g _ _ _ _ _ découverte s _ _ _ _ _ _ _ _ _ _ _ _ n _ _ _ _ _ _ _ _ _ _ (le contraire de la dernière)

CONTESTATION DU G8
Contestation du G8 g _ _ _ _ _ (de la ville de Gènes, en Italie)
V _ _ _ _ _ _ _ _ contestation du G8 g _ _ _ _ _ (non pacifique)
P _ _ _ _ _ _ _ v _ _ _ _ _ _ _ contestation du G8 g _ _ _ _ _ (le contraire de la dernière)
P _ _ _ _ _ _ _ v _ _ _ _ _ _ _ contestation i _ _ _ _ _ _ _ _ _ _ _ _ _ du G8 g _ _ _ _ _ (venant de plusieurs pays)
P _ _ _ _ _ _ _ v _ _ _ _ _ _ _ contestation i _ _ _ _ _ _ _ _ _ _ _ _ _ du G8 g _ _ _ _ _ a _ _ _ _ _ _ _ (prévisible)

ADJECTIFS

ADJECTIFS ET EXPRESSIONS DE L'OPINION

Mais que pensent-ils au juste ?

h. Dites si les opinions exprimées sont positives (+) ou négatives (–).

1. Alexis c'est un garçon charmant, discret, attentionné. + –
2. Claudia, elle n'a pas inventé l'eau chaude. + –
3. C'est un grossier personnage. On ne lui a pas appris les bonnes manières. + –
4. Il a été très clair, très précis et en plus plein d'humour. Cette conférence était passionnante. + –
5. Christine est très compétente. C'est très agréable de travailler avec elle. Toujours patiente, souriante et, en même temps, très efficace. + –
6. C'est une plaisanterie de très mauvais goût, ce n'est vraiment pas très intelligent de votre part. + –
7. Il est très drôle, avec lui on ne s'ennuie pas. + –
8. C'est une drôle de fille, elle a toujours des idées bizarres, je n'ai pas très confiance en elle. + –
9. Sophie est sectaire, elle pense qu'elle a toujours raison, et si vous n'êtes pas d'accord avec elle, elle se met en colère. + –

i. Vous êtes au restaurant. Classez les appréciations de la plus négative à la plus positive.

1. C'est excellent.
2. Ce n'est pas bon du tout.
3. C'est délicieux.
4. Beurk…
5. C'est très bon.
6. Ce n'est pas très bon.
7. C'est immangeable.
8. C'est super bon.
9. C'est horrible.
10. Ce n'est pas mauvais.
11. C'est franchement mauvais.
12. C'est exquis.

ADJECTIFS ET PRONOMS POSSESSIFS ET DÉMONSTRATIFS

4 ADJECTIFS ET PRONOMS POSSESSIFS ET DÉMONSTRATIFS

a. Devinettes : soulignez les adjectifs et pronoms démonstratifs. De quel objet mystérieux s'agit-il ?

1. C'est rond. Ça ne tient pas dans la main. Ça ne se mange pas. Ça sert à jouer.
2. C'est rond. Ça se mange. C'est vert, jaune ou rouge. Ça a une valeur symbolique.
3. C'est rectangulaire. Ça se tient dans la main. Ça sert à jouer. Ça ne se mange pas.
4. C'est rond. C'est rouge. Ça se mange. Il ne faut pas avaler le noyau.
5. C'est ovale. Ça se mange. Ça se casse. C'est jaune et blanc quand c'est cuit.
6. Ce n'est pas vivant. Ça ne se mange pas. Son contenu vous rend nerveux. On l'utilise généralement tous les jours. On l'utilise plus souvent le matin après le réveil.
7. Ça coûte cher. Ça fait du bruit quand on l'ouvre. Ça n'est pas absolument indispensable. Ça ne se mange pas. C'est liquide et ça pétille. Ça a une odeur. C'est français.
8. Ça se consomme. C'est coloré. Ça pousse au soleil. Ça se pèle. Ça forme des régimes.
9. C'est métallique. C'est petit. Ça fait du bruit. C'est très utile surtout le matin. C'est très précis. On ne le porte pas sur soi.

b. Quel est l'objet ou la personne dont on parle ? Soulignez les présentatifs " c'est, il/elle est " et tirez-en la règle d'emploi de l'un ou de l'autre.

1. Elle a seulement deux ans. J'ai refait les freins et l'embrayage. Elle est équipée d'un autoradio.
2. Elle est toute neuve. Je ne m'en suis jamais servi. Je te la vends 150 euros et en plus je te donne le porte-bagages.
3. Elle est très jolie. Je l'ai rencontrée dans un camping. Je l'aime beaucoup. Viens à la maison demain soir, je te la présenterai.
4. Elle est toute petite. Elle ne pèse pas lourd. C'est une canadienne. Je te la laisse pour 60 euros. En prime un sac-à-dos pour la transporter. C'est idéal pour le camping sauvage.

ADJECTIFS ET PRONOMS POSSESSIFS ET DÉMONSTRATIFS

5. Je te le confie. Il faut que tu lui examines les reins, les artères et le foie.
6. Il est très rapide. Disque dur de 80 mégas, moniteur couleur.
7. Il court très vite. Moins de 10 secondes au 100 mètres. Il est très fort au lancer du disque. Il est moniteur dans un gymnase.
8. Il est très compétent. J'ai déjà travaillé avec lui. Je te le recommande, il est très efficace.
9. C'est un reflex. Je te le vends avec un objectif de 50 mm et un autre de 135.
10. Je te le vends parce que j'en ai acheté un plus grand. D'accord il fait un peu de bruit, mais il fonctionne bien. Je te laisse les paniers et les bacs à glace.

Pyramides

6. **Pour trouver les mots, lisez les définitions et ajoutez à chaque fois une lettre au mot précédent.**

Adjectif démonstratif.	C E S
Elles permettent d'ouvrir les portes.	C _ E S
Elles sont au fond du navire.	C _ _ E S
Assemblage de fils métalliques.	C _ _ _ E S
Conspirations d'autrefois.	C _ _ _ _ E S

Adjectif possessif.	S E S
Tu essaies en dépit des risques.	_ S _ S
On les prend devant les photographes.	_ _ S E S
Les facteurs les fréquentent souvent.	_ _ S _ E S
Affiches anglaises.	_ _ S _ E _ S

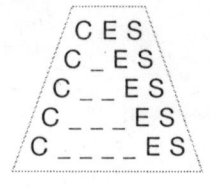

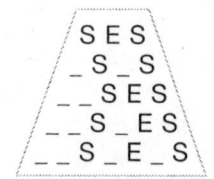

5 PRONOMS PERSONNELS

PRONOMS PERSONNELS SUJETS

a. **Métagrammes : passez de " VOUS " à " TOUS " à l'aide de la phrase suivante, en remplaçant les mots en gras par un synonyme. Grâce à cette phrase exemple, rappelez comment se fait l'accord lorsque l'on a.**

- troisième personne + deuxième personne (lui et toi)
- troisième personne + première personne (Albert et moi)
- troisième personne + deuxième personne + première personne (lui, toi et moi)
- deuxième personne + première personne (toi et moi)

En d'autres termes, la première personne prévaut sur la deuxième et la troisième, la deuxième sur la troisième.

Lui et toi étiez **déséquilibrés** tandis qu'**Albert et moi** étions **sans ressort** et sans **argent** mais **Albert, lui, toi et moi**, nous étions heureux.
(VOUS / _OUS / _OUS / _OUS / _OUS / TOUS)

Une mystérieuse conversation

b. **Qui sont donc tous les " on " ci-dessous ?**

1. À votre avis, combien de personnes se parlent dans cette curieuse conversation ?
2. Donnez des noms propres aux interlocuteurs :
3. Remplacez chaque *on* par un pronom personnel ou un nom de façon à clarifier cette étrange conversation.

– Alors, on a pris son cachet ? !
– Ah non, on n'a pas encore eu le temps !
– On l'a pourtant posé sur la table de nuit !
– Oui, mais on n'a pas dit quand le prendre !
– Ah ! On fait le malin ? On va mieux alors ?
– On a dit qu'on allait sortir demain matin !
– On va être triste !
– Ah ! On va célébrer ça ! Mais, on se reverra bien, non ?
– Ça, on verra !

PRONOMS PERSONNELS

PRONOMS PERSONNELS COMPLÉMENTS

c. Mission secrète d'espionnage Tupeutla

Épisode 1 : dernières vérifications

Le responsable du service d'espionnage, le général Wilson Audubon de la Pétardière vérifie avec le célèbre agent secret Nicolas Leroidec les préparatifs de sa prochaine et délicate mission " Tupeutla ".

Vous compléterez le dialogue en écrivant les réponses de l'agent. Pour cela vous utiliserez le verbe en caractères gras de la phrase précédente et vous transformerez les éléments soulignés en pronom personnel. Attention, ce ne sera pas toujours le même.

1 " Mon cher Leroidec, j'ai une mission très délicate en Asie à vous confier. Vous **acceptez** cette <u>mission</u>.
- Oui, chef, ...
2 Cette mission doit absolument rester secrète. Vous **garderez** <u>le secret</u> ?
- Bien sûr, chef, ...
3 J'insiste : vous ne **parlerez** <u>de cette mission</u> à personne.
- Promis chef, ...
4 Vous aurez besoin d'emporter certaines choses. Pour commencer vous **prendrez** <u>un magnum 357</u>.
- Entendu patron, ...
5 Vous **n'oublierez pas** <u>votre gilet pare-balles</u>.
- Bien entendu chef, ...
6 Vous **porterez** <u>le gilet en question</u> en permanence. C'est une mission dangereuse.
- Promis chef, ...
7 Vous **emporterez** aussi <u>un calepin</u> pour prendre des notes.
- Très bien chef, ...
8 Vous **penserez** à prendre <u>une bouteille d'encre invisible</u>.
- Fort bien, patron ....
9 Vous **éviterez** <u>les responsables de l'ambassade</u>. C'est très important.
- D'accord boss, ...
10 Vous **ferez** très attention <u>à votre sécurité</u>.
- Ça va de soi, ...
11 Nous **tenons** beaucoup <u>à vous revoir entier</u>.
- C'est gentil ça patron, moi aussi ....

PRONOMS PERSONNELS

Une éducation contradictoire

d. **M et Mme Zizanie ne sont jamais d'accord. Voici les questions de leurs deux enfants. Utilisez l'impératif pour écrire les réponses opposées des parents.**

1. Nous lavons le chat ? *Lavons-le / Ne le lavons pas.*
2. Nous finissons les frites ? ....
....
3. Nous vous donnons nos dessins ? ....
....
4. Nous téléphonons à grand-mère ? ....
....
5. Nous prenons du gruyère ? ....
....
6. Nous buvons un verre de Coca ? ....
....

Mini puzzle des doubles pronoms

e. **Recomposez les phrases contenant des doubles pronoms. Supprimez le " e " de " me " et " te " si cela est nécessaire.**

1. le - il - donne - lui / le - pas - il - ne - lui - donne
....
2. il - a - lui - le - donné / a - ne - le - pas - il - lui - donné
....
3. lui - veut - le - il - donner / pas - le - ne - lui - il - donner - veut
....
4. le - donne - lui / le - ne - donne - lui - pas
....
5. me - en - donne - il / ne - il - donne - pas - me - en
....
6. je - proposé - ai - te - en / te - en - ne - proposé - ai - pas - je
....

| PRONOMS RELATIFS |

6 PRONOMS RELATIFS

a. De quoi s'agit-il ? Soulignez les pronoms relatifs.

1. C'est quelque chose qu'on allume et qu'on jette.
   C'est ....
2. C'est quelque chose qu'on met et qu'on enlève.
   C'est ....
3. C'est quelque chose qu'on lit et qu'on garde.
   C'est ....
4. C'est quelque chose qu'on lit et qu'on jette.
   C'est ....
5. C'est quelque chose qu'on décroche et qu'on raccroche.
   C'est ....

b. Complétez à l'aide du pronom relatif qui convient puis dites de quoi ou de qui il s'agit.

1. Il s'agit d'un appareil très pratique, muni d'un petit moteur, et sur .... on adapte des lames de taille différente.
   C'est ....
2. C'est un mouvement intellectuel .... les créateurs et poètes considèrent que l'expression artistique doit utiliser toutes les forces psychiques (automatisme, rêve, folie, inconscient, etc.).
   C'est ....
3. C'est un chef gaulois .... entreprit d'unifier les tribus du centre de la Gaule pour lutter contre César. Il fut finalement vaincu en 52 avant Jésus-Christ, à Alésia. Jean Markale vient d'écrire sa biographie.
   C'est ....
4. .... ne peut pas parler, silencieux, taciturne.
   C'est ....
5. C'est une opération .... consiste à faire subir aux peaux différents traitements chimiques et mécaniques pour les transformer en cuirs.
   C'est ....
6. D'après Voltaire, c'est la " folle du logis ".
   C'est ....
7. Cette maladie peut être provoquée par la consommation excessive de sucre, chez les sujets prédisposés.
   C'est ....

PRONOMS RELATIFS

8. C'est un mode de transport ……… se révèle irremplaçable dans de nombreuses situations d'urgence : secours en montagne, évacuation de blessés de la route.
C'est ………………………………………………………

9. C'est quelqu'un ……… est né en Allemagne, mais ……… a vécu longtemps aux États-Unis. C'est quelqu'un ……… était un élève médiocre à l'école, mais ……… a inventé la théorie de la relativité.
C'est ………………………………………………………

10. C'est quelqu'un ……… a commencé par enseigner la philosophie. C'est quelqu'un ……… est né à Paris, et ……… a publié ses mémoires. C'est quelqu'un ……… a toujours défendu la cause féministe, et ……… a été la compagne de Jean-Paul Sartre.
C'est ………………………………………………………

11. C'est un film ……… s'inspire d'un roman du même nom, ……… se passe au Moyen Âge, ……… la majorité des personnages sont des moines, ……… la critique a dit grand bien.
C'est ………………………………………………………

12. C'est un roman célèbre d'un écrivain français du XIXe siècle ……… une jeune femme épouse un officier de santé ……… est médiocre, ……… elle se lasse, et ……… elle trahit plusieurs fois avant de se suicider.
C'est ………………………………………………………

Chasse au trésor

c. **Et maintenant voici la formule pour trouver la cachette du trésor ! Quand vous aurez transformé toutes les phrases, il sera à vous !**

Ex. : *Le trésor est enterré sous les branches d'un arbre. Cet arbre est rouge = L'arbre sous les branches duquel le trésor est enterré, est rouge.*

1. Le trésor est caché sur le flanc d'une colline. Cette colline est élevée.
2. La colline se trouve au centre d'une île. Cette île est minuscule.
3. L'arbre se dresse à côté d'un rocher bleu. Ce rocher ressemble à une chèvre.

ADJECTIFS ET PRONOMS INDÉFINIS

4. Depuis la plage, il faut marcher en direction des grands arbres. Ces arbres sont jaunes.
5. Les arbres poussent à proximité de sources chaudes. Ces sources sont dangereuses.
6. Avant de creuser la terre, vous devrez compter trois pas à partir d'un caillou. Ce caillou est vert.
7. Notre île se situe à côté d'autres îles. Ces îles sont inconnues.

Vous avez trouvé ? Bravo ! À propos, c'était quoi, ce trésor ?

7 ADJECTIFS ET PRONOMS INDÉFINIS

a. Quelle phrase est correcte ?

1) ....
   a. Nous n'avons pas rien vu.
   b. Nous n'avons rien vu.
   c. Nous n'avons vu rien.

2) ....
   a. Personne est venu.
   b. Personne n'est venu.
   c. Personne n'est pas venu.

3) ....
   a. J'en ai autres.
   b. J'en ai des autres.
   c. J'en ai d'autres.

b. Corrigez les erreurs éventuelles.

a. J'ai acheté quelqu'un.
....
b. Certains d'eux sont mes amis.
....
c. Veux-tu autre ?
....
d. Il a mangé tout.
....
e. J'ai acheté quelque livre.
....

c. Associez chacun de ces proverbes à son explication, après l'avoir complété à l'aide de l'un des adjectifs ou

ADJECTIFS ET PRONOMS INDÉFINIS

pronoms indéfinis suivants : *autres, tel, rien, quelque chose, chacun, chaque, tout, tous, toute* (certains sont utilisés plusieurs fois).

1. À .... jour suffit sa peine.
2. .... son métier et les vaches seront bien gardées.
3. La nuit .... les chats sont gris.
4. À .... malheur est bon.
5. .... père, ... fils.
6. .... vient à point à qui sait attendre.
7. .... temps, ... mœurs.
8. Beaucoup de bruit pour ....
9. .... pour soi et Dieu pour tous.
10. À cœur vaillant .... d'impossible.
11. Ne fais pas à .... ce que tu ne voudrais pas qu'on te fît.
12. L'oisiveté est mère de .... les vices.
13. .... les goûts sont dans la nature.

a. Titre d'une comédie de Shakespeare, passé en proverbe pour exprimer que telle affaire a pris des proportions qui se réduisent à peu de chose.
b. Les événements fâcheux peuvent procurer quelque avantage, ne fût-ce qu'en donnant de l'expérience.
c. Supportons les maux d'aujourd'hui sans penser par avance à ceux que peut nous réserver l'avenir.
d. Avec du courage, on vient à bout de tout.
e. Laissons à Dieu le soin de s'occuper des autres.
f. Règle de conduite qui est le fondement d'une morale élémentaire.
g. On ne peut pas bien, de nuit, distinguer les personnes et les choses.
h. N'avoir rien à faire, c'est s'exposer à toutes les tentations.
i. Chacun doit faire seulement ce pour quoi il est le plus doué.
j. Le plus souvent, le fils tient de son père.
k. Avec du temps et de la patience, on réussit, on obtient ce que l'on désire.
l. Se dit à propos d'une personne qui a des goûts singuliers.
m. Les mœurs et les modes changent à toute vitesse.

LE VERBE

8 LE VERBE

a. **Dans les phrases suivantes – proverbes, phrases historiques ou phrases d'auteur (verbe en gras) que vous identifierez dans la liste ci-dessous – indiquez quel est le mode des verbes soulignés : indicatif, conditionnel, subjonctif, infinitif, impératif, gérondif.**

1. Va, **cours**, vole et nous venge !
2. C'est <u>en forgeant</u> qu'on devient forgeron.
3. Tout autre que mon père **l'éprouverait** sur l'heure.
4. Petit poisson deviendra grand pourvu que Dieu lui <u>prête</u> vie.
5. **N'ayez** contre nous le cœur endurci.
6. Que vouliez-vous qu'il **fît** contre trois ? Qu'il **mourût**.
7. Une hirondelle ne <u>fait</u> pas le printemps.
8. Et nos amours/Faut-il qu'il m'en **souvienne**/La joie venait toujours après la peine.
9. Cela est bien, répondit Candide, mais il faut **cultiver** notre jardin.
10. La misère a ceci de bien qu'elle **supprime** la crainte des voleurs.
11. Aide-toi, le ciel **t'aidera**.
12. Vingt fois sur le métier **remettez** votre ouvrage.

a. Voltaire, écrivain philosophe : *Candide*
b. Alphonse Allais, humoriste
c. Nicolas Boileau, écrivain : *l'Art poétique*
d. Pierre Corneille, dramaturge : *Le Cid, Horace*
e. Guillaume Apollinaire, poète : *Le Pont Mirabeau*
f. La Fontaine, poète et moraliste : *Fables*
g. François Villon, poète : *la Ballades des pendus*

Évitez les verbes passe-partout !

Selon les circonstances, la langue dispose de toute une gamme de verbes plus précis que le verbe *donner* ou *faire*, si fréquemment employé.

b. **Vous retrouverez dans la grille les verbes qui remplacent *donner* et *faire* dans les exercices 1 et 2 sauf le dernier verbe de l'exercice 2, que vous pourrez reconstituer à l'aide des 10 cases contenant les lettres restantes de la grille :**

LE VERBE

A	C	C	O	R	D	E	R	O	N	F	P	A
E	D	E	C	E	R	N	E	R	P	R	R	D
D	I	S	T	R	I	B	U	E	R	E	E	R
P	R	O	D	I	G	U	E	R	O	M	S	E
F	A	B	R	I	Q	U	E	R	C	E	E	S
C	O	M	M	E	T	T	R	E	U	T	N	S
C	E	F	F	E	C	T	U	E	R	T	T	E
P	R	O	N	O	N	C	E	R	E	R	E	R
T	R	A	N	S	M	E	T	T	R	E	R	T
E	C	R	I	R	E	M	E	N	E	R	I	O
O	F	F	R	I	R	P	A	S	S	E	R	N
E	X	E	R	C	E	R	C	E	D	E	R	N

C _ _ _ _ _ _ _ _ _ ER

1. Retrouvez les verbes équivalents de *donner* dans la grille et reliez-les aux éléments de la deuxième colonne.

1. a _ _ _ _ _ _ _
2. c _ _ _ _
3. d _ _ _ _ _ _ _
4. d _ _ _ _ _ _ _ _ _
5. o _ _ _ _ _
6. p _ _ _ _ _
7. p _ _ _ _ _ _ _
8. p _ _ _ _ _ _ _ _
9. r _ _ _ _ _ _ _
10. t _ _ _ _ _ _ _ _ _ _

a. de nouveaux livres aux élèves.
b. des chocolats à sa tante.
c. un paquet à son destinataire.
d. un message urgent.
e. une autorisation spéciale à un élève.
f. un prix au meilleur film de l'année.
g. sa place à une personne âgée.
h. une bonne adresse à un ami.
i. les premiers soins à un blessé de la route.
j. le sel à son voisin de table.

LE VERBE

2. Trouvez un équivalent plus précis au verbe *faire* passe-partout dans les emplois suivants.

1. faire une étagère ....
2. faire un poème ....
3. faire une enquête policière ....
4. faire un discours ....
5. faire des reproches ....
6. faire des excuses ....
7. faire une erreur ....
8. faire des recherches ....
9. faire un métier ....
10. faire des vêtements ....

Puzzle : verbes à rallonge

c. Associez tous les préfixes possibles aux verbes ou parties de verbes suivants : *prendre*, *tenir*, *venir*, *-traire*, *-cevoir*.

abs-	dé-	par- ....
ap-	dis-	per- ....
aper-	entre-	pré- ....
appar-	ex-	pro- ....
com-	main-	re- ....
con-	mé-	sur- ....
de-	ob-	sous- ....

d. Dans ce schéma mystérieux se cachent 8 verbes. Pour les découvrir, il vous suffira de relier la lettre de gauche avec l'une ou l'autre des terminaisons. Vous pouvez utiliser le dictionnaire...

```
        C
        F
        G              -ENDre
        P
        T              -EINdre
        V
```

Vous pourrez retrouver ces verbes dans les mots croisés.

LE VERBE

HORIZONTALEMENT
1. Séparer par le milieu dans le sens de la longueur.
2. Entourer, serrer ou mettre une couronne.
3. Pleurnicher, se plaindre.
5. Le contraire d'acheter.
7. " .... " la main pour dire bonjour.
8. Colorer, (faire) changer de couleur.

VERTICALEMENT
1. Faire semblant de.
4. Accrocher.
6. Couvrir avec une couleur.

Homophonies verbales

Façon d'écrire le son /e/ dans un verbe

e. **Soulignez la forme correcte. NB : La phrase 2 est la morale d'une fable célèbre de La Fontaine : laquelle ?**

1. Je vous *répondré/répondrée/répondrés/répondrées/répondrai/répondrer/répondrez* dans une semaine.
2. *Apprené/apprenée/apprenés/apprenées/apprenai/*

LE VERBE

apprener/apprenez que tout flatteur vit aux dépens de celui qui l'écoute.
3. Essayez de leur *expliqué/expliquée/expliqués/expliquées/ expliquai/expliquer/expliquez* notre projet.
4. Les officiers criaient : *couché-vous/couchée-vous/ couchés-vous/couchées-vous/couchai-vous/coucher-vous/couchez-vous* si vite…
5. Tandis que des cavaliers pansaient leurs chevaux *attaché /attachée/attachés/attachées/attachai/attacher/attachez* à la muraille, d'autres attisaient le feu, tournaient les broches et s'occupaient de la cuisine.

Façon d'écrire le son /a/ dans un verbe

f. Soulignez la forme correcte. La phrase 5 est le début d'une fable célèbre de La Fontaine : laquelle ?

1. Quel âge *a-tu/as-tu* ?
2. Que *t'a-t-on/t'as-t-on* dit ?
3. Où vouliez-vous qu'il *alla/allas/allât* ?
4. Je voudrais que tout cela ne se *termina/terminât* pas ainsi.
5. La cigale, ayant chanté tout l'été, se *trouva/trouvas/ trouvât* fort dépourvue quand la bise fut venue.
6. Le garagiste *répara/réparas/réparât* ses erreurs.
7. Qu'est-ce que tu lui *donnera/donneras/donnerât* comme cadeau ?
8. Ne *va/vas* pas te plaindre au patron.

NB : Ne pas confondre la deuxième et troisième personne du verbe *avoir* à l'indicatif présent, ainsi que le passé simple (-a) et l'imparfait du subjonctif (-ât) pour la troisième personne du singulier des verbes du premier groupe et le verbe *aller*. *Aller* fait *va* au présent de l'impératif (sans *s*, sauf dans certains cas comme *vas-y*).

Façon d'écrire le son /u/ à la fin d'un verbe

g. Soulignez la forme correcte. De qui est le vers de la phrase 8 ?

1. À quel âge est-ce qu'un garçon *mu/mue/mus/mues/ mut/mut/muent* ?

LE VERBE

2. J'*inclus/incluse/inclus/inclues/inclut/inclut/incluent* tous les fichiers dans ce document.
3. Ces cadeaux, je les ai *reçu/reçue/reçus/reçues/reçut/reçût/reçuent* ce matin.
4. Qu'est-ce que tu *conclu/conclue/conclus/conclues/conclut/conclût/concluent* de toutes ces observations ?
5. Je voudrais que tout cela ne *fut/fus/fue/fues/fût/fût/fuent* jamais arrivé, mais, hélas, je n'y puis rien maintenant.
6. Les modèles de voiture *évolu/évolue/évolus/évolues/évolut/évolût/évoluent* si vite…
7. Le chirurgien a *reconnu/reconnue/reconnus/reconnues/reconnut/reconnût/reconnuent* ses erreurs.
8. Que vouliez-vous qu'il fît contre trois ? Qu'il *mouru/mourue/mourus/mourues/mourut/mourût/mouruent* ?
9. Ne *salu/salue/salus/salues/salut/salût/saluent* pas cet individu : il travaille contre nous.

PASSÉ SIMPLE

a. Dans les phrases suivantes, remplacez le verbe " dire " par un verbe plus précis choisi dans la liste que vous conjuguerez au passé simple :

susurrer ⋅ reconnaître ⋅ menacer ⋅ bégayer ⋅ promettre ⋅ chevroter ⋅ s'écrier ⋅ insinuer ⋅ hésiter ⋅ ordonner ⋅ protester

La phrase 8 est l'une des plus célèbres répliques du cinéma français. Elle est prononcée par Jean (Jean Gabin) à l'adresse de Nelly (Michèle Morgan). Mais dans quel film des années 40 ?

1. " Est-ce que vous pouvez m'aider a traverser la rue ? ", dit le vieux monsieur d'une voix tremblante.
2. " Je ne sais pas ce qu'il faut faire… ", dit-il avec hésitation.
3. " Mettez-vous en rang par deux ", dit-il.
4. " Vous… vous… ne… ne… voulez pas… dansez avec moi ? ", dit-il.
5. " Au voleur ! au voleur ! ", dit-il.
6. " Ah non ! Vous ne pouvez pas faire ça ", dit-il.
7. " C'est vrai que mon idée n'était pas très bonne ", dit-il.

LE VERBE

8. " Tu as de beaux yeux, tu sais ", dit-il.
9. " Vous allez me payer ça ! ", dit-il.
10. " C'est la dernière fois que je vous dérange ", dit-il.
11. " Ça n'est pas vous qui seriez l'auteur de ce mauvais coup ? ", dit-il.

b. **Avec les onze lettres suivantes, trouvez dix verbes différents du 2ᵉ groupe conjugués au passé simple et complétez les phrases.**

R • O • N • G • P • U • I • M • T • E • S

1. Dès qu'elle entendit son nom, Jenny R _ _ _ _ _ jusqu'aux oreilles.
2. Le chiot G _ _ _ _ faiblement : le vétérinaire allait s'occuper de lui.
3. Vous P _ _ _ _ _ _ vos petites sœurs parce qu'elles avaient désobéi.
4. La sirène du bateau M _ _ _ _ ....dans le lointain.
5. Ce marin P _ _ _ _ en mer, victime d'un stupide accident.
6. Sous les compliments, nous R _ _ _ _ _ _ _
7. Je me M _ _ _ _ d'une pince coupante pour ôter l'emballage.
8. Tu R _ _ _ _ _ les couverts au milieu de la table.
9. Pasteur G _ _ _ _ _ un jeune enfant mordu par un chien enragé.
10. Le melon M _ _ _ _ au soleil de Provence ; nous l'avons dégusté avec plaisir.

Passé simple compliqué

C'est paradoxalement pour sa complexité que le passé dit " simple " se trouve souvent relégué au rang des accessoires périmés. La conjugaison au passé simple de certains verbes se révèle en effet d'emploi périlleux, comme le montrent les deux textes suivants :

c. **Dans ce jeu-poème, les verbes sont au passé simple. Retrouvez leur infinitif :**

Lorsque vous me vîtes...
Je vous plus..
Lorsque je vous vis ....
Vous me plûtes...
Vous vous approchâtes..

Et vous me frôlâtes ....
La joue
Puis vous me baisâtes ....
La main
Nos regards se croisèrent ....
Nos cœurs s'émurent ....
Nos cœurs battirent ....
Et ils s'affolèrent ....
Un moment
Puis vous me laissâtes ....
Puis vous me quittâtes ....
Vous vous en allâtes ....
Et vous ne me fîtes ....
Et vous ne me dîtes ....
Rien
Et moi, je restai ....
Je m'effondrai ....
Je soupirai ....
Et je sanglotai ....

d. **Voici une *Complainte amoureuse* d'Alphonse Allais. Donnez l'infinitif des verbes au passé simple soulignés.**

Oui, dès l'instant où je vous vis, ...
Beauté féroce, vous me plûtes ; ....
De l'amour qu'en vos yeux je pris, ...
Sur-le-champ vous vous aperçûtes. ....
Mais de quel froid vous reçûtes ....
Tous les soins que pour vous je pris ! ....
Combien de soupirs je rendis ! ....
De quelle cruauté vous fûtes ! ....
Et quel profond dédain vous eûtes ....
Pour les vœux que je vous offris ! ....
En vain, je priai, je gémis, ...
Dans votre dureté vous sûtes ....
Mépriser tout ce que je fis ; ....
Même un jour je vous écrivis ....
Un billet tendre que vous lûtes ....
Et je ne sais comment vous pûtes, ...
De sang-froid voir ce que je mis. ....

LE VERBE

Ah ! Fallait-il que je vous visse
Fallait-il que vous me plussiez,
Qu'ingénument je vous le disse
Qu'avec orgueil vous vous tussiez ;
Fallait-il que vous aimasse
Que vous me désespérassiez
Et qu'en vain je m'opiniâtrasse
Et que je vous idolâtrasse
Pour que vous m'assassinassiez !

AUTRES TEMPS DU PASSÉ

Puzzle : roman-photo sans photos

a. 1. **Remettez en ordre les différents épisodes de ce roman photo : la première et la dernière phrase sont déjà dans l'ordre, ainsi que la 12.**

1 **Charles Cornard est rentré à la maison.**
2 Il avait été négligent.
3 Sa femme Emma n'était pas là.
4 " chéri, j'étais exaspérée par tes absences répétées.
5 " coucou, chéri ! " Rêvait-il ?
6/7 Il découvrait qu'elle était déçue par son existence avec lui.
8/9 J'ai été très contente et j'ai accepté. "
10 Il n'était pas abandonné par la femme de sa vie.
11 Mais oui, c'était bien elle.
12 **Charles ne comprenait pas ;**
13 Son bonheur avait pris fin…
14 Il n'avait rien remarqué.
15/16 Comme Rodolphe voulait sortir, il m'a proposé de m'accompagner.
17 Il l'a cherchée partout.
18 Il était bouleversé par cette découverte.
19/20 Emma lui avait pourtant toujours dit que tout allait bien.
21 Elle lui avait laissé un mot :
22 Mais elle était partie avec son voisin, Rodolphe.
23 J'avais envie de m'amuser un peu.
24 Avait-il bien entendu la voix d'Emma ?
25 **Elle était seulement allée à la piscine…**

LE VERBE

2. Classez les phrases dans le tableau ci-dessous, selon leur temps :

Verbes à l'imparfait
Verbes à l'imparfait passif
Verbes au passé composé
Verbes au plus-que-parfait

3. À quel roman célèbre de la littérature française vous fait penser le prénom des personnages de ce dialogue ?

Puzzle : Huissier condamné

b. Les phrases de ce fait divers ont été mélangées. Pouvez-vous les remettre en ordre ?

a. dès lors que les intérêts avaient atteint la somme due au départ, c'est-à-dire 225 F.

b. L'huissier, ne pouvant recouvrer cette somme, a fait saisir les meubles.

c. Avec l'accumulation des actes et divers frais de justice, l'huissier avait fini par exiger quelque 4 700 F,

d. la débitrice ayant versé entre-temps 1 125 F.

e. Le tribunal de Lyon a estimé que l'huissier, Mme Nadine Poncet,

f. aurait dû demander au tribunal d'évaluer le montant des frais de poursuite

g. a été condamné à payer 1 500 F de dommages et intérêts à la victime.

h. Une semaine plus tard, un comité de soutien avait récupéré, par la force, les objets dans un hôtel des ventes.

i. avait établi le 27 février 1989 un chèque sans provision de 225 F.

j. Josiane Perenet, de Vaulx-en-Velin, dans la banlieue Lyonnaise, et élevant seule ses trois enfants,

k. Un huissier de justice, qui avait réclamé 4 716,17 F à une mère de famille pour un chèque impayé de 225 F,

Samedi 12 et dimanche 13 janvier 1991
Libération

LE VERBE

CONDITIONNEL

a. Regrets : mettez les verbes de la liste suivante au conditionnel présent à l'endroit qui convient. L'ordre des lettres correspondantes vous indiquera ce que voudrait faire cette personne.

Liste de verbes :

(is...) vivre * (un) chausser * (ho) être * (a) falloir * (tr) pouvoir * (e) sauter * (a) changer * (me) faire * (me) devoir * (m) faire * (m) devenir * (ra) pouvoir * (is) supporter * (ê) être * (j') avoir * (i) faire

1. Je n'............ plus d'excuses pour sécher le bureau tous les mois.
2. Je .... ma roue toute seule.
3. Je ne me .... peut-être pas réformer.
4. Un costume rose .... mauvais genre.
5. Je ne .... plus passer deux heures devant la glace.
6. Je ne .... pas d'avoir les jambes poilues.
7. Je .... obligé de faire la vaisselle pour aider ma femme.
8. Je .... tomber amoureux d'une fille comme moi.
9. Mon Sébastien .... sur l'occasion pour séduire cette garce d'Isabelle.
10. Je .... du 43.
11. Ce .... dommage avec mes possibilités.
12. Je .... peut-être chauve.
13. Je .... prendre le volant pour les longs trajets.
14. Ce n'est pas cela qui me .... supporter un match de foot.
15. Il .... me payer cher.
16. D'après l'INSEE, je .... moins longtemps.

b. Complétez à l'aide du conditionnel passé. Qu'est-ce que cette personne aurait voulu être, quelle profession aurait-elle voulu exercer ?

1. (devoir faire) J'............ beaucoup d'entraînement physique et je déteste ça.
2. (falloir) Il .... que je porte un de ces affreux scaphandres qui ne ressemblent à rien.

LE VERBE

3. (pouvoir) J'............ y laisser ma peau et j'y tiens trop.
4. (avoir) J'............ trop peur la-haut dans l'espace.
5. (exiger) J'............ d'emmener mon chien et ça n'.........
   (plaire) sûrement pas .... à la Nasa.
6. (rater) J'............... mon feuilleton préféré à la télé.
7. (ne pas s'adapter) Je ne me .... à la fusée ; je fais de la claustrophobie.
8. (tomber) Je .... sûrement .... dans un cratère.
9. (être) J'............ trop célèbre et ne suis pas vraiment fait pour ça : pour vivre heureux, vivons cachés !

SUBJONCTIF

a. **Test de personnalité : parmi les quatre personnes suivantes, de laquelle vous sentez-vous le plus proche ? Pourquoi ? Commencez par compléter avec le mode qui convient, indicatif ou subjonctif.**

1.   Hélène Latrouille, 45 ans, employée
Elle a toujours peur que des voleurs (venir) .... dans sa maison.
Elle redoute sans cesse qu'il y (avoir) .... une troisième guerre mondiale.
Elle craint que des extra-terrestres (apparaître) .... dans son jardin.

2.   Eva Dlavant, 38 ans, P.D.G.
Elle est certaine que les femmes (pouvoir) .... exercer toutes les professions, sans exception.
Elle affirme que l'homme (devoir) .... partager le travail de la maison avec sa femme.
Elle déclare que les femmes (être) .... les égales des hommes dans tous les domaines.

3.   Otto Riter, 52 ans, colonel
Il exige que son fils de vingt ans lui (obéir) .... sans discuter.
Il n'admet pas que sa femme (aller) .... au cinéma sans lui.
Il n'accepte pas que sa fille aînée (sortir) .... après dix heures le soir.

4.   François Fleurbleue, 30 ans, poète
Il voudrait que les hommes (prendre) .... le temps de regarder les fleurs.

LE VERBE

Il souhaite que tout le monde (pouvoir) .... être heureux.
Il aimerait qu'on (détruire) .... toutes les villes.

b. Complétez la lettre imaginaire suivante en conjuguant les verbes au temps et au mode convenable.

Le destinataire, Gustave, est le prénom d'un écrivain célèbre du XIXe siècle, qui correspondait avec Louise Colet, notamment lorsqu'il écrivait Madame Bovary, au retour d'un voyage en Orient. De quel écrivain s'agit-il ?

Cher Gustave,
Je suis contente que tu (renoncer à publier) .... ta *Tentation de Sainte Antoine*. Dans ta lettre tu m'écris que tu (avoir) .... de vieux amis, notamment un certain Maxime du Camp, avec qui tu envisages de partir en Orient. Je suis sûre qu'ils (être) .... très sympathiques et qu'ils n' (avoir) .... pas trop d'idées reçues. J'ai hâte que tu me les (faire) .... connaître. J'imagine que vous (avoir) .... déjà tout organisé mais je ne désespère pas que nous (parvenir) .... à trouver un arrangement possible.
J'espère que tu me (envoyer) .... vite une lettre.
À très bientôt.
Amitiés
Louise

Indicatif et subjonctif homonymiques

c. Choisissez la forme correcte. Expliquez pourquoi les noms propres soulignés sont aptonomiques (ont un rapport étroit avec l'activité de la personne ou son attitude).

1. Tes parents aimeraient que, de temps en temps, tu *crois/croies* ce qu'ils te disent.
2. Je pense que tu *vois/voies* la vie des riches avec les yeux de ton imagination.
3. Jessica Lory prétend que tu perdras le même nombre de calories, que tu marches ou que tu *cours/coures* entre ces deux points.

4. La plus grande richesse que l'on *acquiert/acquière* avec le temps, c'est la patience.
5. Nous ne craignons pas que Luc Sation ne *meurt/meure* à cause des blessures qu'il a reçues lors de cet accident.
6. Ce n'est pas parce qu'on *rit/rie* de Louis que c'est lui qui est ridicule.
7. La présidente du comité désire que tu *t'assois/t'assoies* à côté du maire, Gaspard Cèlement.
8. Quelles sont les qualités que *requiert/requière* le métier de cascadeur ?
9. S'il risque de se faire tuer, faut-il qu'il combatte ou qu'il *fuit/fuie* ?
10. Il est nécessaire que notre amie japonaise Akiko Nomi *soustrait/soustraie* toutes les dépenses des recettes.
11. Voici un appareil avec lequel Jules Defruit *extrait/extraie* le jus des petits fruits.
12. Le directeur américain Tex Sigent veut que le secrétaire *revoit/revoie* tous les textes avant de les afficher.
13. De tout cela, dis-moi ce que tu *conclu/conclues*.
14. Quels sont les renseignements que tu *inclus/inclues* dans ton résumé ?
15. Nous croyons, Victor Rieux, que tout *concourt/concoure* à votre victoire.

Curiosités : l'imparfait du subjonctif

d. **Il est amusant de taquiner un brin le pompeux imparfait du subjonctif en le plaçant dans des phrases à double sens. Expliquez-les !**

1. Il serait dommage qu'à trop manger de gâteaux, un jour vous en pâtissiez !
2. Plus de huit jours au lit, je douterais que vous pussiez !
3. Le sirop fait des taches : il faudrait qu'une bonne fois pour toutes vous le sussiez !
4. Ce que vous écrivîtes dans la marge, encore eût-il fallu que nous l'observassions !
5. Docteur, ma femme est clouée au lit, je souhaiterais que vous la vissiez.

LE VERBE

GÉRONDIF/PARTICIPE PRÉSENT/ADJECTIF VERBAL

Courrier des lecteurs : trucs et bonnes adresses.

a. **Des personnes écrivent à la rubrique " Trucs et bonnes adresses " d'un hebdomadaire. Associez les questions et les réponses en utilisant le gérondif.**

Ex : Comment faire pour trouver un travail en France ? (jeune suédoise, 18 ans)
R : Voici l'adresse d'un organisme au pair.
En écrivant à cet organisme/**en vous adressant** à cet organisme, vous pourrez trouver du travail en France.

Comment faire pour…
1. garder une belle peau (dame, 40 ans)
2. obtenir une bourse d'études (étudiant en médecine, 23 ans)
3. maigrir avant l'été (jeune fille, 19 ans)
4. gagner de l'argent pendant les vacances (garçon, 16 ans)
5. perdre ma timidité (homme, 36 ans)
6. être toujours élégante (femme, 31 ans)
7. réussir la mayonnaise (jeune femme, 27 ans)
8. épouser un millionnaire (jeune femme, 22 ans)
9. dîner avec Miss France (adolescent, 15 ans)
10. apprendre à faire de la voile (jeune homme, 19 ans)
11. gagner au loto (femme, 48 ans)

Réponses :
a. mangez beaucoup de fruits et de légumes, buvez beaucoup d'eau
b. faites un stage dans un centre nautique
c. demandez un formulaire au Service social de l'Université
d. beaucoup de gens ont des animaux qui restent seuls pendant l'été
e. il y a certainement dans votre ville un psychologue qui vous donnera des conseils
f. écrivez-lui, dites-lui que c'est le rêve de votre vie, économisez pour la soirée
g. à votre âge, il faut une bonne crème
h. les vêtements classiques ne se démodent pas

LE VERBE

i. mon truc, c'est la moutarde
j. il faut être très patient et perdre tout espoir, car les joueurs sont nombreux et les gagnants très rares
k. vous êtes belle, séduisante, jeune, intelligente, cultivée, d'un milieu aisé, alors…allez-y !

Annonces internationales

b. **Notre page de correspondance s'adresse à tous les lecteurs ayant envie de se rencontrer !**

1. Pourquoi Iphigénie a-t-elle besoin d'un " chauffeur qui accepterait d'aller en Turquie " ? Selon vous, est-ce bien la seule raison ? Même question pour Bérénice, Chimène, Hector…
2. Quelle est la valeur du participe présent ? Dans quelles conditions peut-on l'employer ?
3. Les personnes qui passent des annonces portent tous les noms de héros de tragédies de Jean Racine. Lesquelles ? Attention : un personnage porte le nom d'un héros d'une pièce de Corneille, lequel ?

– Phèdre, 35 ans : " Possédant une voiture neuve mais ne sachant pas conduire, j'aimerais trouver un chauffeur acceptant de m'accompagner 15 jours en Turquie. "
– Achille, 30 ans : " Mon loyer ayant considérablement augmenté, je cherche un célibataire désirant partager mon appartement dans le 5e arrondissement. "
– Hippolyte, 19 ans : " Ayant lu votre petite annonce, je me propose de vous conduire en Turquie. Étant chômeur, je suis immédiatement disponible. Mais, attention ! Ma carte d'identité expirant le 1er septembre, je devrai revenir en France le 30 ou le 31 août ! "
– Bérénice, 22 ans : " Désirant passer mes vacances en Jordanie mais n'osant pas partir seule, j'aimerais rencontrer un étudiant jordanien ayant envie de faire ce voyage avec moi. "
– Hector, 25 ans : " Arrivant à Paris pour la première fois il y a 15 jours mais ne trouvant pas d'appartement à louer, je suis descendu à l'hôtel. Je cherche désespérément un lecteur ou une lectrice ayant un appartement à partager. "
– Chimène, 29 ans : " Bien que n'ayant jamais fait de tennis,

LE VERBE

je m'intéresse à ce sport ! C'est pourquoi je cherche un partenaire ne craignant pas de jouer avec une débutante. "

c. **Ils veulent passer une petite annonce pour notre prochaine page : ANNONCES INTERNATIONALES. Aidez-les, en employant le participe présent pour remplacer les éléments en gras.**

1. **Comme Olympia a été élevée** par des parents portugais qui vivent à Paris, elle a un accent portugais en français et un accent français en portugais.
Parce qu'elle se demande si c'est normal, elle aimerait savoir si les lecteurs **qui s'intéressent** à cette question connaissent des cas semblables ou sont eux-mêmes dans ce cas.
Olympia, 18 ans :

....
....
....
....
....

2. À Paris, Ariane connaît un Australien **qui lit et écrit** parfaitement le français mais **qui ne comprend toujours pas** ni son fromager ni son marchand de journaux, tous les deux Français ! **Parce qu'elle ne comprend pas** ce phénomène, Ariane aimerait que des lecteurs, **qui connaissent la linguistique**, puissent le lui expliquer.
Ariane, 14 ans :

....
....
....
....
....

Chasse aux erreurs

d. **Indiquez si les phrases suivantes sont correctes ou incorrectes (ambiguïté sur le sujet) et corrigez quand il le faut.**

LE VERBE

1. Ayant perdu la clef, mon frère m'a ouvert la porte.
   ....
2. Ayant décidé de travailler, il n'est pas venu.
   ....
3. Ayant promis de le faire, vous pouvez compter sur moi.
   ....
4. Ayant commencé à manger, mon chat est venu auprès de moi.
   ....
5. Ayant fini l'entraînement, elle m'a emmenée au cinéma.
   ....

6. **Le PDG de la société Westinck-Dugland dont la déclaration de revenus conjuguait le flou artistique et l'impressionnisme nébuleux, écrit à la direction générale des Finances afin de demander un dégrèvement, compte tenu de nouveaux éléments qu'il apporte. Il confond l'orthographe du participe présent (ex : *somnolant*) et de l'adjectif verbal (*somnolent*) ainsi que celle du nom et du participe présent (*confluent/confluant*). Il commet seize erreurs de ce genre dans sa lettre. À vous de les retrouver et de les corriger.**

Monsieur l'inspecteur,
Membre adhérant de la Société de défense du contribuable depuis un an, je me permets de solliciter auprès de vous un dégrèvement d'impôts car j'ai omis de mentionner certains éléments : par exemple, je n'ai plus de yacht.
En effet, navigant trop près de la côte, une nuit, j'ai heurté un rocher et mon 18 mètres a coulé comme le Titanic. J'ai regagné le rivage à la nage, c'est très fatiguant ! Je suis arrivé, tout suffoquant, dans les algues et le sable mouillé.
Par bonheur, je suis tombé sur un résidant brésilien et un résident de la maison de retraite voisine qui m'ont bien réconforté.
J'ai pu téléphoner chez moi où mon palefrenier qui n'a pourtant rien d'un homme négligeant m'annonçait une deuxième catastrophe : plus de chevaux, je n'avais plus de chevaux, l'écurie venait de brûler.

> **PASSIF : NOMINALISATION**

En me communicant cela, en me convaincant que ce n'était pas si grave puisque j'étais en vie, il m'annonçait quand même que, selon les avis convergeants des médecins, mes dernières analyses précédent ma future hospitalisation révélaient un taux de cholestérol tel que l'éprouvette d'analyse avait explosé, provoquant la panique chez les infirmières vacant à leurs occupations.

J'ajoute que je n'ai pas d'assurance, que tout est à ma charge. Je compte sur l'homme compétent que vous êtes pour comprendre ma détresse, tout cela n'a rien d'extravagant, mes chevaux fringuants, mon yacht, je n'ai plus rien que mon château, c'est affligeant !

Serait-il possible que j'obtienne un abattement aussi important que celui dans lequel je me trouve ?

Je vous prie d'agréer, Monsieur l'Inspecteur, mes sincères salutations.

Mac de Bol
PDG de la société Westinck-Dugland

9 PASSIF : NOMINALISATION

Voulez-vous être journaliste ? Commencez par améliorer votre style !

a. **Transformez les informations suivantes en titres de journaux (phrases nominales).**

Ex. : *Le ministre va diminuer les impôts.*
Diminution des impôts par le ministre.

Politique
1. Le nouveau gouvernement sera mis en place dans une semaine.
2. Le budget a été accepté par l'Assemblée.
3. Les critiques des verts contre la pollution atmosphérique se durcissent.

Social
1. 200 personnes vont être licenciées à l'usine Moulinex.
2. Les étudiants ont protesté violemment.
3. Les travailleurs ont manifesté à la Bastille.
4. Les négociations entre les syndicats et le patronat ont échoué.

PASSIF : NOMINALISATION

Économie
1. L'agriculture sera développée dans le département de la Lozère.
2. Le prix de l'essence va beaucoup augmenter avant l'été.
3. La balance du commerce extérieur français est excédentaire de 25 milliards en 2000.

Culture
1. *La Victoire de Samothrace* a été vendue à un milliardaire inconnu.
2. Des cinéastes, des critiques et des intellectuels protestent contre les atteintes à la liberté d'expression.
3. Le nouveau roman de Michel Houellebecq paraîtra à l'automne prochain.
4. Le directeur de la maison de la culture a démissionné.

Sports
1. La course de voiliers partira demain à 14 heures.
2. L'équipe de France a gagné brillamment la coupe Davis.
3. Le champion du monde de cyclisme a abandonné dans la montée de l'Alpe d'huez.

Faits divers
1. Le Vieux Pont sur la Vézère sera bientôt détruit.
2. L' autoroute Lyon-Clermont-Ferrand va être élargie.
3. Les auteurs du cambriolage du Crédit Lyonnais ont été arrêtés hier soir.
4. Un OVNI a atterri sur le campus de Poitiers.

Météo
1. Il pleuvra abondamment demain toute la journée.
2. Des nuages se formeront peu à peu sur les Alpes.
3. Les températures s'élèveront de quelques degrés demain dans la journée.

Quizz : dates historiques

b. **Transformez en nominalisant.**

Ex. : Robert Martin a traversé l'Atlantique en solitaire en 1993.
En 1993 : **Traversée** de l'Atlantique en solitaire par Robert Martin.

1. La Tour Eiffel a été bâtie en
   a. 1889   b. 1899   c. 1909
2. Le *Grand Bleu* a été tourné en
   a. 1979   b. 1989   c. 1995

PASSIF : NOMINALISATION

3. Jacques Chirac a été réélu Président de la République en
   a. 1997   b. 2002   c. 1993
4. La Deuxième Guerre mondiale s'est terminée en
   a. 1945   b. 1944   c. 1946
5. Le Clézio a publié son premier roman en
   a. 1970   b. 1965   c. 1980
6. La Grande Bibliothèque Nationale a été construite en
   a. 1990   b. 1994   c. 1998
7. Louis Pasteur a découvert le vaccin contre la rage en
   a. 1885   b. 1900   c. 1910
8. Le Tunnel sous la Manche a été inauguré en
   a. 1990   b. 2000   c. 1994
9. On a peint les grottes de Lascaux il y a
   a. 150 000 ans   b. 20 000 ans   c. 17 000 ans
10. La guerre d'Algérie s'est terminée en
    a. 1954   b. 1958   c. 1962
11. On a inauguré la Pyramide du Louvre en
    a. 1989   b. 3000 av.J.C.   c. 1999
12. Le premier Spoutnik a été lancé en
    a. 1969   b. 1957   c. 1945
13. François Mitterrand a aboli la peine de mort en France en
    a. 1989   b. 1975   c. 1981
14. Hernan Cortès a conquis et détruit le Mexique en
    a. 1598   b. 1492   c. 1521
15. Des artistes ont décoré la galerie des Glaces du château de Versailles en
    a. 1687   b. 1623   c. 1715
16. Les révolutionnaires ont pris la Bastille en
    a. 1795   b. 1789   c. 1780

10 ADVERBES

Mot croisé : remplissez la grille et trouvez l'adverbe caché.

1. Il fait beau. Je n'ai .... pas envie de travailler.
2. Il est .... 15h24mn38s.
3. Terminez .... cette lettre, elle doit partir ce soir.
4. Je dois .... vous rencontrer, c'est très important.
5. J'entends une voiture. Ce sont .... les voisins qui arrivent.
6. Elle a fait .... de progrès.

EXPRESSION DU TEMPS

11 EXPRESSION DU TEMPS

Casse-tête temporel

a. Répondez aux questions suivantes.

1. À quel endroit l'été vient-il avant le printemps, l'arrivée avant le départ et le dernier avant le premier ?
2. Dans le calendrier, certains mois ont 30 jours et d'autres en ont 31. Combien de mois ont 29 jours ?
3. Les montres de Pierre et Daniel ne sont pas convenablement réglées. Celle de Pierre indique 19h mais elle avance de 10 minutes par heure, celle de Daniel indique 17h mais elle retarde de 10 minutes par heure. Quelle heure est-il sachant que ces montres ont été mises à l'heure au même instant ?

b. Voici un quatrain mnémotechnique. À quoi sert-il ?

Trente jours ont novembre,
Avril, juin et septembre.
De vingt-huit, il y en a un
Tous les autres ont trente et un.

c. En France, lorsque les transports et la réfrigération n'étaient pas aussi au point qu'aujourd'hui, il ne fallait manger des huîtres que pendant les mois en " r ". C'est-à-dire lesquels ?

....
....
....
....

12. CIVILISATION FRANÇAISE

Depuis quand ? Associez les chiffres et les lettres des réponses ci-dessous.

1. L'humanité compte un septième art. .....
2. L'Université française a beaucoup changé. .....
3. Tous les citoyens sont égaux devant la loi. .....
4. La géométrie est entrée dans la peinture moderne. .....
5. Paris est symbolisé par la Tour Eiffel. .....
6. Les Français ont droit à des vacances payées. .....
7. Le quartier des Halles attire de nombreux touristes. .....
8. Il n'y a plus de grands écrivains engagés en France. .....
9. En France, l'école publique est gratuite, laïque et obligatoire. .....
10. La France fait partie de l'UE (Union européenne), ex CEE. .....
11. Strasbourg est devenu une ville cosmopolite. .....
12. Paris est à deux heures de Lyon. .....
13. Il n'y a plus en France de grandes chanteuses populaires. .....

a. L'Exposition Universelle de 1889.
b. La création du Conseil de l'Europe (1949).
c. 1936 (Front populaire).
d. Cézanne.
e. Création de cet organisme (1957).
f. Invention des frères Lumière (1895).
g. Édith Piaf.
h. La mise en service du TGV (1981).
i. Mai 1968 (révolte des étudiants et grève générale).
j. L'époque de Jean Paul Sartre.
k. La révolution de 1789.
l. La construction du Centre Pompidou (1977).
m. 1881 (pendant la IIIe république).

CLÉS

I. PHONÉTIQUE ET ALPHABET
L'alphabet parlant
a. B/Baie - D/dé - G/jet - H/hache - L/aile - M/aime - N/haine - O/eau - T/thé

b. 1. élevé ; 2. énervé ; 3. cahots ; 4. téter ; 5. qu'à ; 6. j'y vais ; 7. cas ; 8. elle sait ; 9. elle… déesse ; 10. erre (verbe errer) ; 11. C'est… assez ! ; 12. ému.

Messages secrets a déchiffrer
c. Les pommes du verger / Refusent de tomber. / Hier Vincent / L'arbre a agité / Mais en vain. / Aujourd'hui je me suis hissé / Jusqu'à la cime très élevée / Mais la branche a cassé : / Sur le sol, je me suis retrouvé, / Le … cassé ! / Les vers m'ont achevé, / Sans discuter / Ils m'ont dépecé.

Ordre alphabétique
d. Chacun des mots principaux commence par une lettre de l'alphabet, dans l'ordre… :
Anatole, bon chien dressé écoute fidèlement (la) gardienne habitant (l') immeuble …

Charade alphabétique
e. L (aile) + U (hue !) + N (haine) + E (œuf) : lune

Rébus avec lettres
f. 1. " Six heures " sous " P " - A - " Cent " sous " Six " (six heures, souper à Sans-Souci)
G grand - a petit (j'ai grand appétit)
2. Mademoiselle (sauf I) je bois (sans O) à votre (sans T) - (Mademoiselle Sophie, je bois sans eau à votre santé)
3. L'oisiveté " nous " entre " N " sous " Vent " O Mal (l'oisiveté nous entraîne souvent au mal)
4. " A " long dans " C " sous les " O " rangés (Allons danser sous les orangers)
5. un grand " A.B " plein d' " a " petits " A " traversé par " I " " 100 " sous " P " (un grand abbé plein d'appétit a traversé Paris sans souper)

Jeux de lettres
g. école, leçon, as, cent, dose, Laon, son, dent, dans, lac, solde, dose, taon, os, sol, cône, Caen, ton, soc, lés, etc.

h. livre - ivre

Métagrammes
i. rame - dame - lame - came (arbre à cames)

Tous les chemins mènent à Rome
j. 1. Rome ; 2. rame ; 3. rime ; 4. rive ; 5. rêve ; 6. lève ; 7. lave ; 8. lame ; 9. lime ; 10. lire ; 11. rire ; 12. rare ; 13. mare ; 14. mère ; 15. même ; 16. mime ; 17. rime ; 18. Rome

Tautogrammes
k. Si sa sœur Sophie savait seulement sauter sans sa sucette, Simon serait satisfait.

Des mots curieux
l. 1. Mots masculins se terminant par ée.
2. Trois e consécutifs.
3. Toutes les voyelles (sauf le y).
4. Mot masculin se terminant par ie.
5. Le seul mot qui change de première lettre au pluriel.
6. Le mot du français qui comporte le plus d'accents aigus.
7. Le mot du français qui comporte le plus de s.
8. Le mot du français qui comporte le plus de i.

Sigles et abréviations
m. b.o.n.c.v.p.a.s.a.c (bon CV – curriculum vitae – pas assez : avoir un bon curriculum n'est pas suffisant)

Plus de précision sur certains sigles employés dans ce jeu :

CLÉS

- les DOM : (masculin) comportent la Guadeloupe, la Martinique, la Réunion et la Guyane
- H.E.C. : une des plus prestigieuses écoles de commerce, située à Paris
- P.D.G. : (masculin) abréviation familière
- R.M.I. : (masculin) une allocation versée aux personnes ne disposant d'aucun revenu, assortie de dispositions devant favoriser l'insertion professionnelle des bénéficiaires. En 1999, le montant mensuel du R.M.I. est de 2429 FF.

n. Acrostiches

A. ANNA (première et dernière lettre de chaque vers)

B. - Quand voulez-vous que je couche avec vous ? (premier mot de chaque ligne)
- Cette nuit.

o. Les homonymes

A. elle comporte **cinq homonymes** cinq ... sains ... sein ... seing ... saint ...

B. Phrase homonyme : Vincent mit l'âne dans un pré et s'en vint dans l'autre. (Cela ne fait qu'un âne : donc quatre pattes et deux oreilles !)

C. 1. Souris (sou - riz)
2. Internationale (Interne assis haut - nal)
3. " l'on boit du bon cidre au faubourg Saint-Denis " (long bois du bonze hydrophobe - ours ceint de nids)
4. la Comédie française (lac - Oh ! mes dix francs - seize : 13 et 3)

D. NB : entre parenthèse les lettres à éliminer.
1. Quelle**s** que soient ...
2. On leur**(s)** (pas de s, c'est le pronom personnel invariable) avait demandé ...
3. Les même**s** personnalités ...
4. Quan**d** bien même ...

5. On **n'y** voit guère ...
6. ... pour **qu'on en** fasse ...
7. ... bien quelque**s** idées démodées mais nul, même**(s)** parmi ...

8. ... n'est pas souhaitable, **quel que** (= que le moment de la journée soit n'importe lequel) soit le moment de la journée, **quelle que** soit la raison invoquée, et sous quelque prétexte que ce soit.
Quoique (= bien que) cette consigne ait déjà été affichée, **quoi que** (que chacun ait pu en penser n'importe quoi) chacun ait pu en penser, ... facilement accessible par qui que ce soit, **quel que** est le code secret ?
Quoiqu'il en soit le thème central, il a décidé qu'il n'y aurait aucune poursuite. **Quoi qu'**il en soit, il est nécessaire que cesse ce qui depuis quelque temps représente une perturbation.
Depuis les **quelque** (adverbe signifiant environ) dix mois ...
Quelques regrets que nous en ayons, ... à caractère privé – **quelles qu'**elles soient – ...

2. ACCENTS

... tâche. ... zone, ... boiteux, ... havre ... déprimé ... psychiatre ... chapitré ... déjeuner. ... bêtise ... boîte ... attachées ... gracieux, ... entichées ... moelle, ... symptomatique ... dérèglement ... même ... poème ! ... chalet ...

3. ADJECTIFS

a. Un peu de mythologie...

1. **grec** (épithète du nom propre *Héraklès*, masculin singulier)
2. **mythiques** (épithète du nom *éléments*, masculin pluriel)
3. **distincts** (apposé au nom *éléments*, masculin pluriel)

CLÉS

4. **ancienne** (épithète du nom propre *Grèce*, féminin singulier)
5. **dorien** (se rapporte à *un seul type* d'Héraklès, il est masculin singulier)
6. **spécifiques** (épithète de *traits*, masculin pluriel)
7. **régionales** (épithète du nom *traditions*, féminin pluriel)
8. **cohérent** (épithète du nom *cycle*, masculin singulier)
9. **postérieurs** (épithète du nom *écrivains*, masculin pluriel)
10. **monstrueux** (épithète du nom *lion*, masculin singulier. Les adjectifs qui font *eux* au pluriel font aussi eux au singulier, le mot *monstrueu* n'existe pas.)
11. **mortelle** (attribut du complément d'objet direct *blessure*, féminin singulier ; il s'agit de la blessure des flèches)
12. **vivante** (attribut du complément d'objet direct *Biche*, féminin singulier)

Il s'agit d'Héraklès (nom latin : Hercules)

Kaléidoscope
b. 1. rouge ; 2. noir ; 3. jaunes... blancs... blancs ; 4. noir ; 5. blanc

Expressions multicolores
c. 1. d. rouge ; 2. i. noir ; 3. e. vert ; 4. c. jaune ; 5. f. blanche ; 6. b. bleu ; 7. a. rose ; 8. g. noir ; 9. h. noire

Chanson d'Édith Piaf : *La vie en rose*

Casse-tête coloré
d. La nationalité **allemande**

LA PLACE DES ADJECTIFS
e. 1. Un considérable nouveau remaniement ministériel/un nouveau considérable remaniement ministériel/un nouveau remaniement ministériel considérable est prévu.
2. Les prochaines grandes élections présidentielles seront tendues.
3. Voici une dernière information médicale inquiétante/une inquiétante dernière information médicale/une dernière inquiétante information médicale.
4. Le monde subit une grave crise écologique internationale/une crise écologique internationale grave.
5. Les Asiatiques craignent une éventuelle victoire sportive canadienne/une victoire sportive canadienne éventuelle.
6. Inauguration d'une nouvelle grande avenue piétonne.

f. 1. Temps ensoleillé **prévu**
2. Volontaires **recherchés** pour un séjour aux Bermudes
3. Chefs d'État **reçus** à Matignon
4. Arrêt immédiat des émissions de gaz polluants américains **exigé**
5. Manifestations des militants anti-globalisation **interdites**

Pyramide
g. DÉCOUVERTE → découverte scientifique → grande découverte scientifique → grande découverte scientifique norvégienne → première grande découverte scientifique norvégienne

CONTESTATION DU G8 → contestation du G8 génois → violente contestation du G8 génois → première violente contestation du G8 génois → première violente contestation internationale du G8 génois → première violente contestation internationale du G8 génois attendue

ADJECTIFS ET EXPRESSIONS DE L'OPINION
h. 1 + ; 2 − ; 3 − ; 4 + ; 5 + ; 6 − ; 7 + ; 8 − ; 9 −

i. 7 9 11 4 2 6 10 5 8 1 3 12

CLÉS

4. ADJECTIFS ET PRONOMS POSSESSIFS ET DÉMONSTRATIFS

a.
1. C'est rond. Ça ne tient pas dans la main. Ça ne se mange pas. Ça sert à jouer. (un ballon)
2. C'est rond. Ça se mange. C'est vert, jaune ou rouge. Ça a une valeur symbolique. (une pomme)
3. C'est rectangulaire. Ça se tient dans la main. Ça sert à jouer. Ça ne se mange pas. (une carte à jouer)
4. C'est rond. C'est rouge. Ça se mange. Il ne faut pas avaler le noyau. (une cerise)
5. C'est ovale. Ça se mange. Ça se casse. C'est jaune et blanc quand c'est cuit. (un œuf)
6. Ce n'est pas vivant. Ça ne se mange pas. Son contenu vous rend nerveux. On l'utilise généralement tous les jours. On l'utilise plus souvent le matin après le réveil. (une cafetière)
7. Ça coûte cher. Ça fait du bruit quand on l'ouvre. Ça n'est pas absolument indispensable. Ça ne se mange pas. C'est liquide et ça pétille. Ça a une odeur. C'est français. (une bouteille de champagne)
8. Ça se consomme. C'est coloré. Ça pousse au soleil. Ça se pèle. Ça forme des régimes. (une banane)
9. C'est métallique. C'est petit. Ça fait du bruit. C'est très utile surtout le matin. C'est très précis. On ne le porte pas sur soi. (un réveil)

b.
1. Elle a seulement deux ans. J'ai refait les freins et l'embrayage. Elle est équipée (il/elle est + adjectif : il s'agit d'une voiture précise) d'un autoradio. (automobile/voiture)
2. Elle est toute neuve (idem). Je ne m'en suis jamais servi. Je te la vends 150 euros et en plus je te donne le porte-bagages. (bicyclette)
3. Elle est très jolie (idem). Je l'ai rencontrée dans un camping. Je l'aime beaucoup. Viens à la maison demain soir, je te la présenterai. (jeune fille)
4. Elle est toute petite (idem). Elle ne pèse pas lourd. C'est une canadienne. Je te la laisse pour 60 euros. En prime un sac-à-dos pour la transporter. C'est (c'est + adjectif : généralité) idéal pour le camping sauvage. (tente)
5. Je te le confie. Il faut que tu lui examines les reins, les artères et le foie. (malade/patient)
6. Il est très rapide (idem). Disque dur de 80 mégas, moniteur couleur. (ordinateur)
7. Il court très vite. Moins de 10 secondes au 100 mètres. Il est très fort (idem) au lancer du disque. Il est (il est + nom a valeur d'adjectif dans une construction exprimant la profession, sans déterminant) moniteur dans un gymnase. (athlète)
8. Il est très compétent. J'ai déjà travaillé avec lui. Je te le recommande, il est très efficace. (collègue)
9. C'est un reflex (c'est + déterminant + objet : présentatif le plus courant). Je te le vends avec un objectif de 50 mm et un autre de 135. (appareil photo)
10. Je te le vends parce que j'en ai acheté un plus grand. D'accord il fait un peu de bruit, mais il fonctionne bien. Je te laisse les paniers et les bacs à glace. (réfrigérateur)

CLÉS

Pyramides
1. Ces ; Clés ; Cales ; Câbles ; Cabales
2. Ses ; Oses ; Poses ; Postes ; Posters

5. PRONOMS PERSONNELS
PRONOMS PERSONNELS SUJETS
Métagrammes

a. (vous - fous - nous - mous - sous - tous)

Une mystérieuse conversation

b.1. Au moins deux personnes : l'infirmière (que nous appellerons Coralie) et un patient, peut-être trois : l'infirmière et deux patients.
2. Coralie et Gaston/Coralie, Gaston et Jean)
3. CORALIE : Alors, **vous avez pris votre** cachet ? !
GASTON : Ah non, **je n'ai** pas encore eu le temps ! /nous n'avons pas encore eu le temps (Jean et moi)
CORALIE : **Quelqu'un/Une collègue** l'a pourtant posé sur la table de nuit !
GASTON : Oui, mais **elle** n'a pas dit quand le prendre !
CORALIE : Ah ! **Vous faites** le/les malin(s) ? **Vous allez** mieux alors ?
GASTON : **Le médecin a dit** que j'allais sortir/que nous allions (Jean et moi) sortir demain matin !
CORALIE : **Je vais/Mes collègues et moi, nous allons** être triste !
GASTON : Ah ! **Je vais/nous allons** célébrer ça ! Mais, **nous nous reverrons** (vous et moi) bien, non ?
CORALIE : Ça, **je verrai !/nous verrons !**

PRONOMS PERSONNELS COMPLÉMENTS

c. 1. je **l'**accepte ; 2. Je **le** garderai ; 3. je n'**en** parlerai à personne ; 4. J'**en** prendrai **un** ; 5. Je ne l'oublierai pas ; 6. je **le** porterai ; 7. J'**en** emporterai **un** ; 8. J'**en** prendrai **une** ; 9. Je **les** éviterai ; 10. J'**y** ferai très attention ; 11. J'**y** tiens beaucoup.

Une éducation contradictoire

d. 1. lavons-le/ne le lavons pas ; 2. finissons-les/ne les finissons pas ; 3. donnez-les nous/ne nous les donnez pas ; 4. téléphonons-lui/ne lui téléphonons pas ; 5. prenons-en/n'en prenons pas ; 6. buvons-en/n'en buvons pas

Mini puzzle des doubles pronoms

e.1. il le lui donne / il ne le lui donne pas
2. il le lui a donné / il ne le lui a pas donné
3. il veut le lui donner / il ne veut pas le lui donner
4. donne-le-lui / ne le lui donne pas
5. il m'en donne / il ne m'en donne pas
6. je t'en ai proposé / je ne t'en ai pas proposé

6. PRONOMS RELATIFS

a.1. C'est quelque chose **qu'**on allume et **qu'**on jette. (une allumette)
2. C'est quelque chose **qu'**on met et **qu'**on enlève. (un vêtement)
3. C'est quelque chose **qu'**on lit et **qu'**on garde. (un livre)
4. C'est quelque chose **qu'**on lit et **qu'**on jette. (un prospectus)
5. C'est quelque chose **qu'**on décroche et **qu'**on raccroche. (un tableau)

b.1. **lequel** (tournevis électrique) ; 2. **dont** (surréalisme) ; 3. **qui** (Vercingétorix) ; 4. **Qui** (personne muette) ; 5. **qui** (tannage) ; 6. **c'est** (l'imagination) ; 7. **Cette** (diabète) ; 8. **qui** (hélicoptère) ; 9. **qui... qui... qui... qui** (Albert Einstein) ; 10. **qui ... qui ... qui**

CLÉS

... **qui** ... **qui** ... (Simone de Beauvoir) ; 11. **qui** ... **qui** ... **où** ... **dont** ... (Le nom de la rose) ; 12. **dans lequel** ... **qui** ... **dont** ... **qu'**elle (Madame Bovary)

Chasse au trésor

1. La colline sur le flanc **de laquelle** le trésor est caché est élevée.
2. L'île **au centre de laquelle** se trouve la colline est minuscule.
3. Le rocher bleu **à coté duquel** se dresse l'arbre ressemble à une chèvre.
4. Les arbres **en direction desquels** il faut marcher depuis la plage sont jaunes.
5. Les sources **à proximité desquelles** poussent les arbres sont dangereuses.
6. Le caillou **à partir duquel** vous devrez compter trois pas avant de creuser est vert.
7. Les îles **à côté desquelles** se situe notre île sont inconnues.

7. ADJECTIF ET PRONOMS INDÉFINIS

a. 1b - 2b - 3c

b.
a. J'**en** ai acheté **quelques-uns**.
b. Certains **d'entre** eux sont mes amis.
c. Veux-tu autre **chose** ?
d. Il a **tout** mangé.
e. J'ai acheté quelque**s** livre**s**.

c.
1. À **chaque** jour suffit sa peine. (c)
2. **Chacun** son métier et les vaches seront bien gardées. (i)
3. La nuit **tous** les chats sont gris. (g)
4. À **quelque chose** malheur est bon. (b)
5. **Tel** père, **tel** fils. (j)
6. **Tout** vient à point à qui sait attendre. (k)
7. **Autres** temps, **autres** mœurs. (m)
8. Beaucoup de bruit pour **rien**. (a)
9. **Chacun** pour soi et Dieu pour tous. (e)
10. À cœur vaillant **rien** d'impossible. (d)
11. Ne fais pas à **autrui** ce que tu ne voudrais pas qu'on te fit. (f)
12. L'oisiveté est mère de **tous** les vices. (h)
13. **Tous** les goûts sont dans la nature. (l)

8. LE VERBE

a.
1. d. (*Le Cid*). impératif
2. gérondif
3. d. (*Le Cid*) conditionnel
4. subjonctif (présent)
5. g. impératif
6. d. (*Horace*) subjonctif (imparfait)
7. indicatif
8. e. subjonctif (présent)
9. a. infinitif
10. b. indicatif (présent)
11. f. indicatif (présent).
12. c. impératif

Évitez les verbes passe-partout !

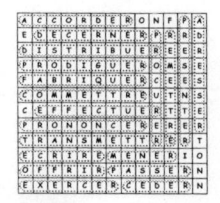

b.

A	C	C	O	R	D	E	R	O	N	F	A
E	D	É	C	E	R	N	E	R	P	R	D
D	I	S	T	R	I	B	U	E	R	E	R
R	P	R	O	D	I	G	U	E	R	O	A
F	A	B	R	I	Q	U	E	R	C	E	S
C	O	M	M	E	T	T	R	U	T	N	S
C	E	F	F	E	C	T	U	E	R	T	E
P	R	O	N	O	N	C	E	R	E	R	R
T	R	A	N	S	M	E	T	T	R	E	E
É	C	R	I	R	E	M	E	N	E	R	I
O	F	F	R	I	R	P	A	S	S	E	R
E	X	E	R	C	E	R	C	É	D	E	R

CONFECTIONNER

1. 1. accorder E ; 2. céder G ; 3. décerner F ; 4. distribuer A ; 5. offrir B ; 6. passer J ; 7. procurer H ; 8. prodiguer I ; 9. remettre C ; 10. transmettre D

2. 1. fabriquer ; 2. écrire ; 3. mener ; 4. prononcer ; 5. adresser ; 6. présenter ; 7. commettre ; 8. effectuer ; 9. exercer ; 10. confectionner

Puzzle : verbes à rallonge

c. apprendre, comprendre, entreprendre, méprendre, reprendre, surprendre

appartenir, contenir, détenir,

CLÉS

entretenir, maintenir, obtenir, retenir, soutenir

convenir, devenir, parvenir, prévenir, provenir, revenir, survenir, souvenir

abstraire, distraire, extraire, soustraire

apercevoir, concevoir, décevoir, percevoir

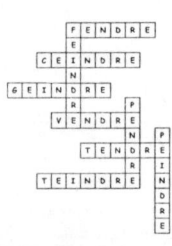

d.

```
F E N D R E
E
C E I N D R E
N
G E I N D R E
R   P
V E N D R E
N P
T E N D R E
R I
T E I N D R E N
D
R
E
```

Homophonies verbales
Façon d'écrire le son /e/ dans un verbe

e. NB : La phrase 2 est la morale de la Fable : *Le corbeau et le renard*.
1. Je vous <u>répondrai</u> dans une semaine.
2. <u>Apprenez</u> que tout flatteur vit aux dépens de celui qui l'écoute.
3. Essayez de leur <u>expliquer</u> notre projet.
4. Les officiers criaient : <u>couchez-vous</u> si vite…
5. Tandis que des cavaliers pansaient leurs chevaux <u>attachés</u> à la muraille, d'autres attisaient le feu, tournaient les broches et s'occupaient de la cuisine.

Façon d'écrire le son /a/ dans un verbe

f. La phrase 5 est le début de la Fable : *La cigale et la fourmi*.
1. Quel âge <u>as-tu</u> ?
2. Que <u>t'a-t-on</u> dit ?
3. Où vouliez-vous qu'il <u>allât</u> ?
4. Je voudrais que tout cela ne se <u>terminât</u> pas ainsi.
5. La cigale, ayant chanté tout l'été, se <u>trouva</u> fort dépourvue quand la bise fut venue.
6. Le garagiste <u>répara</u> ses erreurs.
7. Qu'est-ce que tu lui <u>donneras</u> comme cadeau ?
8. Ne <u>va</u> pas te plaindre au patron.

NB : Ne pas confondre la deuxième et troisième personne du verbe *avoir* à l'indicatif présent, ainsi que le passé simple (a) et l'imparfait du subjonctif (ât) pour la troisième personne du singulier des verbes du premier groupe et le verbe *aller*. *Aller* fait *va* au présent de l'impératif (sans *s*, sauf dans certains cas comme *vas-y*).

Façon d'écrire le son /u/ à la fin d'un verbe

g. Vers de la phrase 8 : Pierre Corneille, *Horace*
1. À quel âge est-ce qu'un garçon <u>mue</u> ?
2. <u>J'inclus</u> tous les fichiers dans ce document.
3. Ces cadeaux, je les ai <u>reçus</u> ce matin.
4. Qu'est-ce que tu <u>conclus</u> de toutes ces observations ?
5. Je voudrais que tout cela ne <u>fût</u> jamais arrivé, mais, hélas, je n'y puis rien maintenant.
6. Les modèles de voiture <u>évoluent</u> si vite…
7. Le chirurgien a <u>reconnu</u> ses erreurs.
8. Que vouliez-vous qu'il fît contre trois ? Qu'il <u>mourût</u> ?
9. Ne <u>salue</u> pas cet individu : il travaille contre nous.

PASSÉ SIMPLE

a. 1. " Est-ce que vous pouvez m'aider a traverser la rue ? ", **chevrota** le vieux monsieur d'une voix tremblante.
2. " Je ne sais pas ce qu'il faut faire… ", **hésita**-t-il.

CLÉS

3. " Mettez-vous en rang par deux ", **ordonna**-t-il.
4. " Vous... vous... ne... ne... voulez pas... dansez avec moi ? ", **bégaya**-t-il.
5. " Au voleur ! au voleur ! ", **s'écria**-t-il.
6. " Ah non ! Vous ne pouvez pas faire ça ", **protesta**-t-il.
7. " C'est vrai que mon idée n'était pas très bonne ", **reconnut**-il.
8. " Tu as de beaux yeux, tu sais ", **susurra**-t-il.
9. " Vous allez me payer ça ! ", **menaça**-t-il.
10. " C'est la dernière fois que je vous dérange ", **promit**-il.
11. " Ça n'est pas vous qui seriez l'auteur de ce mauvais coup ? ", **insinua**-t-il.

Film : *Le quai des brumes* (un film de Marcel Carné, dialogues de Jacques Prévert, d'après un roman de Pierre Mac Orlan)

b. Jenny **rougit** - le chiot **gémit** - vous **punîtes** - la sirène **mugit** - ce marin **périt** - nous **rougîmes** - je me **munis** - tu **réunis** - Pasteur **guérit** - le melon **mûrit**

Passé simple compliqué

c. (voir) - (plaire) - (voir) - (plaire) - (s'approcher) - (frôler) - (baiser) - (se croiser) - (s'émouvoir) - (battre) - (s'affoler) - (laisser) - (quitter) - (s'en aller) - (faire) - (dire) - (rester) - (s'effondrer) - (soupirer) - (sangloter)

d. voir - plaire - prendre - apercevoir - recevoir - prendre - rendre - être - avoir - offrir - prier - gémir - savoir - faire - écrire - lire - pouvoir - mettre

AUTRES TEMPS DU PASSÉ

a. **Puzzle : roman-photo sans photos**
1. Ordre des épisodes
   1 - 3 - 17 - 22 - 21 - 4 - 23 - 15/16 - 8/9 - 12 - 19/20 - 6/7 - 18 - 14 - 2 - 13 - 5 - 24 - 11 - 10 - 25

2. Les temps du passé
Verbes à l'imparfait : 3 - 15 - 12 - 20 - 6 - 5 - 11 - 23
Verbes à l'imparfait passif : 4 - 7 - 18 - 10
Verbes au passé composé : 1 - 17 - 15/16 - 8/9
Verbes au plus-que-parfait : 22 - 21 - 19 - 14 - 2 - 13 - 24 - 25

3. Le roman
Il s'agit de Madame Bovary, on reconnaît en effet trois personnages importants du roman :
– Emma, devenu Madame Bovary après son mariage avec Charles ;
– Charles, le mari ;
– Rodolphe, l'un des deux amants de Madame Bovary.

Le point commun s'arrête là, car Madame Bovary se terminera tragiquement, à la différence de notre petite histoire...

Puzzle : huissier condamné
b. 1k ; 2g ; 3e ; 4f ; 5a ; 6j ; 7i ; 8c ; 9d ; 10b ; 11h.

CONDITIONNEL

a. **Regrets**
Liste dans l'ordre
1. (j') aurais ; 2. (a) changerais ; 3. (i) ferais ; 4. (me) ferait ; 5. (ra) pourrais ; 6. (is) supporterais ; 7. (ê) serais ; 8. (tr) pourrais ; 9. (e) sauterait ; 10. (un) chausserais ; 11. (ho) serait ; 12. (m) deviendrais ; 13. (me) devrais ; 14. (m) ferait ; 15. (a) faudrait ; 16. (is...) vivrais

J'/a/i/me/ra/is/ê/tr/e/un/ho/m/me, m/a/is...

b. 1. **J'aurais dû** faire beaucoup d'entraînement physique et je déteste ça.
2. **Il aurait fallu** que je porte un de ces affreux scaphandres qui ne ressemblent à rien.

CLÉS

3. **J'aurais pu** y laisser ma peau et j'y tiens trop.
4. **J'aurais eu** trop peur la-haut dans l'espace.
5. **J'aurais exigé** d'emmener mon Rex et ça **n'aurait** sûrement pas **plu** à la Nasa.
6. **J'aurais raté** mon feuilleton préféré à la télé.
7. **Je ne me serais pas adapté** à la fusée ; je fais de la claustrophobie.
8. Je **serais** sûrement **tombé** dans un cratère.
9. **J'aurais été** trop célèbre et ne suis pas vraiment fait pour ça : pour vivre heureux, vivons cachés !

J'aurais aimé être astronaute/ cosmonaute/le premier humain sur la lune mais...

SUBJONCTIF

a. **Test de personnalité**
1. Hélène Latrouille, 45 ans, employée
   Elle a toujours peur que des voleurs **viennent** dans sa maison.
   Elle redoute sans cesse qu'il y **ait** une troisième guerre mondiale.
   Elle craint que des extra-terrestres **apparaissent** dans son jardin.
2. Eva Dlavant, 38 ans, P.D.G.
   Elle est certaine que les femmes **peuvent** exercer toutes les professions, sans exception.
   Elle affirme que l'homme **doit** partager le travail de la maison avec sa femme.
   Elle déclare que les femmes **sont** les égales des hommes dans tous les domaines.
3. Otto Riter, 52 ans, colonel
   Il exige que son fils de vingt ans lui **obéisse** sans discuter.
   Il n'admet pas que sa femme **aille** au cinéma sans lui.
   Il n'accepte pas que sa fille aînée **sorte** après dix heures le soir.
4. François Fleurbleue, 30 ans, poète
   Il voudrait que les hommes **prennent** le temps de regarder les fleurs.
   Il souhaite que tout le monde **puisse** être heureux.
   Il aimerait qu'on **détruise** toutes les villes.

b.
Cher Gustave ... tu **aies renoncé** ... tu m'écris que tu **as** de vieux amis, ... qu'ils **sont** très sympathiques et qu'ils **n'ont** pas ... que tu me les **fasses** connaître. J'imagine que vous **avez** déjà ... que nous **parvenions** à trouver ... que tu m'**enverras** ...
À très bientôt. Amitiés Louise
Il s'agit bien entendu de **Gustave Flaubert**

Indicatif et subjonctif homonymiques
c. 1. Tes parents aimeraient que, de temps en temps, tu **croies** ce qu'ils te disent.
2. Je pense que tu **vois** la vie des riches avec les yeux de ton imagination.
3. Jessica Lory (calories) prétend que tu perdras le même nombre de calories, que tu marches ou que tu **coures** entre ces deux points.
4. La plus grande richesse que l'on **acquiert** avec le temps, c'est la patience.
5. Nous ne craignons pas que Luc Sation (luxation) ne **meure** à cause des blessures qu'il a reçues lors de cet accident.
6. Ce n'est pas parce qu'on **rit** de Louis que c'est lui qui est ridicule

CLÉS

7. La présidente du comité désire que tu **t'assoies** à côté du maire, <u>Gaspard Cèlement</u>. (harcèlement)
8. Quelles sont les qualités que **requiert** le métier de cascadeur ?
9. s'il risque de se faire tuer, faut-il qu'il combatte ou qu'il **fuie** ?
10. Il est nécessaire que notre amie japonaise <u>Akiko Nomi</u> (économie) **soustraie** toutes les dépenses des recettes.
11. Voici un appareil avec lequel <u>Jules Defruit</u> (jus de fruits) **extrait** le jus des petits fruits.
12. Le directeur américain <u>Tex Sigent</u> (exigent) veut que le secrétaire **revoie** tous les textes avant de les afficher.
13. De tout cela, dis-moi ce que tu **conclus** ?
14. Quels sont les renseignements que tu **inclus** dans ton résumé ?
15. Nous croyons, <u>Victor Rieux</u> (victorieux), que tout **concourt** à votre victoire.

Curiosités : l'imparfait du subjonctif

d.1. pâtissiez = verbe pâtir et nom " pâtissier "
2. pussiez = verbe pouvoir et verbe " puer " (sentir mauvais) ou nom " pucier " (lit au sens péjoratif, comme endroit attirant les puces)
3. sussiez = verbe " savoir " et verbe " sucer " (à l'imparfait " vous suciez ")
4. observassions = verbe " observer " et nom " observation "
5. vissiez = verbe " voir " et verbe " visser "

GÉRONDIF/PARTICIPE PRÉSENT/ADJECTIF VERBAL

Courrier des lecteurs : trucs et bonnes adresses

a.1. En utilisant une bonne crème, vous pourrez garder une belle peau (g)
2. En demandant un formulaire au Service social de l'Université, vous pourrez obtenir une bourse d'études (c)
3. En mangeant beaucoup de fruits et de légumes et en buvant beaucoup d'eau, tu pourras maigrir avant l'été (a)
4. En gardant des animaux pendant l'été, tu pourras gagner de l'argent pendant les vacances (d)
5. Vous pourrez perdre votre timidité en consultant un psychologue/en écoutant les conseils d'un psychologue (e)
6. En portant des vêtements classiques qui ne se démodent pas, vous serez toujours élégante ! (h)
7. Vous pourrez réussir la mayonnaise en utilisant de la moutarde, (i)
8. En étant belle, séduisante, jeune, intelligente, cultivée, d'un milieu aisé, vous pouvez espérer épouser un millionnaire (k)
9. En lui écrivant, en lui disant que c'est le rêve de ta vie, en économisant pour la soirée, tu pourras dîner avec Miss France (f)
10. En faisant un stage dans un centre nautique, vous pourrez apprendre à faire de la voile (b)
11. En étant très patiente et en perdant tout espoir, vous pourrez renoncer à l'idée de gagner au loto, ce qui est fort improbable, statistiquement parlant. (j)

Annonces internationales

b.1. Phèdre ne sait pas encore conduire, bien qu'elle ait une voiture.
Bérénice n'ose pas partir seule.

CLÉS

Chimène n'a jamais appris à jouer au tennis.
Hector vient d'arriver à Paris et ne trouve pas d'appartement.

2. **Valeur causale du participe présent**

Il peut s'employer que le sujet grammatical des deux verbes soit le même, ou qu'il soit différent.
Dans une proposition concessive introduite par bien que/quoique, la construction participiale n'est possible que si le sujet grammatical des deux verbes est le même, comme dans la dernière phrase (Chimène).

3. Phèdre et Hippolyte : pièce du même nom, de Racine où Phèdre tombe amoureuse de son beau-fils, Hippolyte.
Achille et Hector : personnages d'*Iphigénie*, de Racine.
Bérénice : pièce du même nom de Racine.
Chimène : l'héroïne du *Cid*, de Pierre Corneille.

c.1. Ayant été élevée par des parents portugais vivant à Paris, j'ai un accent portugais... Me demandant si c'est normal, j'aimerais savoir si les lecteurs s'intéressant à cette question...

2. Je connais un Australien lisant et écrivant parfaitement le français mais ne comprenant toujours ni son boulanger ni son coiffeur. Ne comprenant pas ce phénomène, j'aimerais que des lecteurs connaissant la linguistique puissent me l'expliquer. "

Chasse aux erreurs

d. Dans une proposition participe, le participe doit avoir le même sujet que le verbe principal. Si les sujets sont différents, on doit modifier la proposition.

1. Comme j'avais perdu la clé...
3. Comme j'ai promis de le faire...
4. Quand j'ai commencé à manger...
5. Comme j'avais fini l'entraînement...

e. Membre **adhérent** (adjectif qualificatif) de la Société de défense du contribuable depuis un an, je me permets de solliciter auprès de vous un dégrèvement d'impôts car j'ai omis de mentionner certains éléments : par exemple, je n'ai plus de yacht.
En effet, **naviguant** (participe présent) trop près de la côte, une nuit, j'ai heurté un rocher et mon 18 mètres a coulé comme le Titanic. J'ai regagné le rivage à la nage, c'est très **fatigant** (adjectif verbal) ! Je suis arrivé, tout **suffocant** (adjectif, épithète détachée par rapport à " je "), dans les algues et le sable mouillé.
Par bonheur, je suis tombé sur un **résident** brésilien et un **résidant** (participe présent) de la maison de retraite voisine qui m'ont bien réconforté.
J'ai pu téléphoner chez moi où mon palefrenier qui n'a pourtant rien d'un homme **négligent** (adjectif verbal) m'annonçait une deuxième catastrophe : plus de chevaux, je n'avais plus de chevaux, l'écurie venait de brûler.
En me **communiquant** (gérondif) cela, **en** me **convainquant** (idem) que ce n'était pas si grave puisque j'étais en vie, il m'annonçait quand même que, selon les avis **convergents** des médecins, mes dernières analyses **précédant** ma future

CLÉS

hospitalisation révélaient un taux de cholestérol tel que l'éprouvette d'analyse avait explosé, **provoquant** (participe présent) la panique chez les infirmières **vaquant** (participe présent) à leurs occupations.

J'ajoute que je n'ai pas d'assurance, que tout est à ma charge. Je compte sur l'homme compétent que vous êtes pour comprendre ma détresse, tout cela n'a rien **d'extravagant**, mes chevaux **fringants**, mon yacht, je n'ai plus rien que mon château, c'est **affligent** (adjectif verbal) !

Serait-il possible que j'obtienne un abattement aussi important que celui dans lequel je me trouve ?

Je vous prie d'agréer, Monsieur l'Inspecteur, mes sincères salutations.

9. PASSIF : NOMINALISATION

a. Politique
1. **Mise en place** dans une semaine du nouveau gouvernement.
2. **Acceptation** du budget par l'Assemblée.
3. **Durcissement** des critiques des verts contre la pollution atmosphérique.

Social
1. **Licenciement prochain** de 200 personnes à l'usine Moulinex.
2. **Protestation violente** des étudiants.
3. **Manifestation** des travailleurs à la Bastille.
4. **Échec** des négociations entre les syndicats et le patronat.

Économie
1. **Développement** (futur/dans l'avenir) de l'agriculture dans le département de la Lozère.
2. **Forte augmentation** du prix de l'essence avant l'été.
3. **Excédent** de 25 milliards de la balance du commerce extérieur français en 2000.

Culture
1. **Vente** de *La Victoire de Samothrace* à un milliardaire inconnu.
2. **Protestation** de cinéastes, de critiques et d'intellectuels contre les atteintes à la liberté d'expression.
3. **Parution** du nouveau roman de Michel Houellebecq à l'automne prochain.
4. **Démission** du directeur de la maison de la culture.

Sports
1. **Départ** demain à 14 heures de la course de voiliers.
2. **Victoire brillante** de l'équipe de France à la coupe Davis.
3. **Abandon** du champion du monde de cyclisme dans la montée de l'Alpe d'huez.

Faits divers
1. **Destruction prochaine** du Vieux Pont sur la Vézère.
2. **Élargissement** (prévu/prochain) de l'autoroute Lyon-Clermont-Ferrand.
3. **Arrestation** hier soir des auteurs du cambriolage du Crédit Lyonnais.
4. **Atterrissage** d'un OVNI sur le campus de Poitiers.

Météo
1. **Pluie abondante** demain toute la journée.
2. **Formation progressive** de nuages sur les Alpes.
3. **Élévation** des températures de quelques degrés demain dans la journée.

Quizz : dates historiques
b.1. **Construction** de La Tour Eiffel en **a. 1889**
2. **Tournage** du *Grand Bleu* en **b. 1989**

CLÉS

3. **Réélection** de Jacques Chirac à la Présidence de la République en **b.** 2002
4. **Fin** de la Deuxième Guerre mondiale en **a.** 1945
5. **Publication** par Le Clézio de son premier roman en **b.**1965
6. **Construction** de la Grande Bibliothèque Nationale en **b.** 1994
7. **Découverte** par Louis Pasteur du vaccin contre la rage en **a.** 1885
8. **Inauguration** du tunnel sous la Manche en **c.** 1994
9. **Peinture/Décoration** des grottes de Lascaux il y a **c.** 17 000 ans
10. **Fin** de la guerre d'Algérie en **c.** 1962
11. **Inauguration** de la Pyramide du Louvre en **a.** 1989
12. **Lancement** du premier Spoutnik a été lancé en **b.** 1957
13. **Abolition** de la peine de mort par François Mitterrand en **c.** 1981
14. **Conquête et destruction** du Mexique par Hernan Cortès en **c.** 1521
15. **Décoration** de la galerie des Glaces du château de Versailles en **a.** 1687
16. **Prise** de la Bastille par les révolutionnaires en **b.** 1789

10. ADVERBES

(grille de mots croisés : DANGEREUSEMENT)

11. EXPRESSION DU TEMPS
Casse-tête temporel

a. 1. Dans le dictionnaire
   2. Tous les mois
   3. Chaque heure, les montres de Pierre et Daniel " s'éloignent " l'une de l'autre de 20 minutes. Or, elles ont en ce moment 2 heures de décalage… Donc, cela fait 6 heures qu'elles s'échappent l'une de l'autre. La montre de Pierre a en fait 60 minutes d'avance et celle de Daniel, 60 minutes de retard. Il est donc 18 heures.

b. À mémoriser la durée des mois : on peut aussi utiliser les deux poings fermés… les jours " bosses " correspondent aux mois longs de 31 jours.

c. Janvier, février, mars, avril, septembre, octobre, novembre, décembre

12. CIVILISATION FRANÇAISE
1f - 2i - 3k - 4d - 5a - 6c - 7l - 8j - 9m - 10e - 11b - 12h - 13g

ACTIVITÉS OLIVIER BÉGUIN
RÉVISION BÉRÉNICE CAPATTI
EDITING LUCILLE DUPONT

• LECTEURS EN HERBE • EN COULEURS 🎧 •

Béril	ASTRELIX DANS L'ESPACE
Lutun	ZAZAR
Moulin	LE COMTE DRACULA
Moulin	NESSIE LE MONSTRE
Moulin	ROBIN DES BOIS
Vincent	LA FAMILLE FANTOMAS

• PREMIÈRES LECTURES •

Aublin	LE RIFIFI
Aublin	MERLIN L'ENCHANTEUR
Aublin	SCARAMOUCHE
Avi	LE TITANIC
Brunhoff	L'ÉLÉPHANT BABAR
Cabline	VERCINGÉTORIX
Capatti	JOUEZ avec la GRAMMAIRE FRANÇAISE
Daudet	LA CHÈVRE DE M. SÉGUIN
Dumas	LES TROIS MOUSQUETAIRES
Dutrois	L'ACCIDENT !
Dutrois	OÙ EST L'OR ?
Gilli	MÉDOR ET LES PETITS VOYOUS
Grimm	CENDRILLON
Grimm	LES GNOMES
Hutin	LA MAISON DES HORREURS
La Fontaine	LE LIÈVRE ET LA TORTUE
Leroy	LES AVENTURES D'HERCULE
Les 1001 Nuits	ALI BABA ET LES 40 VOLEURS
Messina	LE BATEAU-MOUCHE
Perrault	LE PETIT CHAPERON ROUGE
Stoker	DRACULA

• PREMIÈRES LECTURES • EN COULEURS 🎧 •

Arnoux	LE MONSTRE DE LOCH NESS
Andersen	LES HABITS DE L'EMPEREUR
Grimm	HANSEL ET GRETEL
Hugo	LE BOSSU DE NOTRE-DAME
Laurent	LE DRAGON DORMEUR
Laurent	POCAHONTAS
Pellier	LE VAMPIRE GOGO

• LECTURES TRÈS FACILITÉES •

Aublin	FRANKENSTEIN contre DRACULA
Avi	LE COMMISSAIRE
Avi	LE TRIANGLE DES BERMUDES
Capatti	JOUEZ avec la GRAMMAIRE FRANÇAISE
Cavalier	LES MÉSAVENTURES DE RENART
Ducrouet	NUIT DE NOËL
Géren	LE BATEAU VIKING
Géren	LE MONSTRE DES GALAPAGOS
Germain	LE VAMPIRE
Gilli	UN CŒUR D'ENFANT
Gilli	PARIS-MARSEILLE VOYAGE EN T.G.V.
Hémant	MARIE CURIE
Hutin	LE MYSTÈRE DE LA TOUR EIFFEL
Laurent	UN VOLONTAIRE DANS L'ESPACE
Leroy	ANACONDA, LE SERPENT QUI TUE
Mass	LA CHASSE AU TRÉSOR
Mass	OÙ EST L'ARCHE DE NOÉ ?
Mérimée	LA VÉNUS D'ILLE
Messina	GRISBI

• LECTURES TRÈS FACILITÉES 🎧 •

Arnoux	BONNIE ET CLYDE • FUITE D'ALCATRAZ
Aublin • Wallace	SISSI • BEN HUR
Avi • Doyle	PIRATES • LA MOMIE
Cabline	LES CHEVALIERS DU ROI ARTHUR
Germain • Saïno	HALLOWEEN • LE MASQUE
Pellier	LE REQUIN • HISTOIRES FANTÔMES
Perrault • Leroux	BARBE BLEU • FANTÔME de l'OPÉRA

• LECTURES FACILITÉES •

Beaumont	LA BELLE ET LA BÊTE
Capatti	JOUEZ avec la GRAMMAIRE FRANÇAISE
Capatti	PEARL HARBOR
Daudet	TARTARIN DE TARASCON
Dumas	LES TROIS MOUSQUETAIRES
Flaubert	MADAME BOVARY
Fraiche	LA BATAILLE D'ALGER
Fraiche	LES MYSTÈRES DE LA BASTILLE
Gautier	CAPITAINE FRACASSE
Géren	LA MOMIE
Géren	LES DENTS DE DRACULA
Giraud	L'HISTOIRE D'ANNE FRANK
Juge	FUITE DE LA CAYENNE
Juge	JEANNE D'ARC
Malot	SANS FAMILLE
Martini	LA CHANSON DE ROLAND
Martini	LE ROMAN DE RENART
Martini	LE FANTÔME à Chenonceaux
Mass	FUITE DE SING-SING
Maupassant	BOULE DE SUIF
Maupassant	UNE VIE
Mercier	CONTES D'AFRIQUE
Mercier	L'AFFAIRE DREYFUS
Mercier	L'EUROTUNNEL
Molière	LE MALADE IMAGINAIRE
Mounier	STALINGRAD
Pergaud	LA GUERRE DES BOUTONS
Perrault	LE CHAT BOTTÉ
Rabelais	GARGANTUA ET PANTAGRUEL
Radiguet	LE DIABLE AU CORPS
Renard	POIL DE CAROTTE
Rostand	CYRANO DE BERGERAC
Sand	LA MARE AU DIABLE
Sand	LA PETITE FADETTE
Ségur	MÉMOIRES D'UN ÂNE
Terrail	LES EXPLOITS DE ROCAMBOLE
Troyes	PERCEVAL
Verne	DE LA TERRE À LA LUNE
Verne	LE TOUR DU MONDE EN 80 JOURS
Verne	20 000 LIEUES SOUS LES MERS

• LECTURES FACILITÉES 🎧 •

Beaumarchais • Fraiche	FIGARO • ROBESPIERRE
Beaum.• Hugo	BARBIER SÉVILLE • MISÉRABLES
Loti • Messina	PÊCHEUR • JOCONDE
Mercier • Renard	CONTES • POIL DE CAROTTE
Molière	TARTUFFE
Saïno • Juge	ORIENT EXPRESS • ANDES
Ségur • Pergaud	MÉMOIRES ÂNE • GUERRE

• LECTURES SANS FRONTIÈRES 🎧 •

Balzac	LE PÈRE GORIOT
Béguin	AMISTAD
Béguin (SANS CASSETTE/CD)	JOUEZ avec la GRAMMAIRE FRANÇAISE
Combat	HALLOWEEN
Dumas	LA DAME AUX CAMÉLIAS
Flaubert	L'ÉDUCATION SENTIMENTALE
Flaubert	MADAME BOVARY
Hugo	NOTRE-DAME DE PARIS
Iznogoud	JACK L'ÉVENTREUR
Messina	JEANNE D'ARC
Messina	MATA HARI
Molière	L'ÉCOLE DES FEMMES
Proust	UN AMOUR DE SWANN
Stendhal	LE ROUGE ET LE NOIR
Térieur	LE TRIANGLE des BERMUDES
Zola	GERMINAL
Zola	THÉRÈSE RAQUIN

• AMÉLIORE TON FRANÇAIS •

Alain-Fournier	LE GRAND MEAULNES
Balzac	L'AUBERGE ROUGE
Balzac	L'ÉLIXIR DE LONGUE VIE
Balzac	NAPOLÉON DU PEUPLE
Baudelaire	LA FANFARLO
Corneille	LE CID
Daudet	LETTRES DE MON MOULIN
Flaubert	UN CŒUR SIMPLE
Gautier	LA MORTE AMOUREUSE
Hugo	Le DERNIER JOUR d'un CONDAMNÉ
La Fontaine	FABLES
Maupassant	LE PETIT FÛT
Molière	L'AVARE
Molière	L'AMOUR MÉDECIN
Molière	🎧 TARTUFFE
Molière	LES PRÉCIEUSES RIDICULES
Perrault	CONTES
Prévost	MANON LESCAUT
Rousseau	RÊVERIES DU PROMENEUR SOLITAIRE
Stendhal	LES CENCI
Stendhal	🎧 HISTOIRES D'AMOUR
Voltaire	MICROMÉGAS

• CLASSIQUES DE POCHE •

Baudelaire	LE SPLEEN DE PARIS
Hugo	🎧 LA LÉGENDE DU BEAU PÉCOPIN
La Fayette	🎧 LA PRINCESSE DE CLÈVES
Maupassant (SANS CASSETTE/CD)	🎧 CONTES FANTASTIQUES
Pascal	🎧 PENSÉES
Proust	🎧 VIOLANTE OU LA MONDANITÉ
Voltaire	🎧 CANDIDE

© 2002 *La Spiga languages* · IMPRIMÉ EN ITALIE PAR **Techno Media Reference** · MILAN
DISTRIBUÉ PAR **Medialibri** · VIA IDRO 38, 20132 Milan · ITALIE · TÉL. 02 27207255 · FAX 02 2567179